本书由海南热带海洋学院校级教材建设项目资助

健身教练技能应用

师伟超　　王博文　主编

中国海洋大学出版社

·青岛·

图书在版编目（CIP）数据

健身教练技能应用 / 师伟超，王博文主编. —青岛：中国
海洋大学出版社，2023.11

ISBN 978-7-5670-3744-1

Ⅰ. ①健… Ⅱ. ①师… ②王… Ⅲ. ①健身运动—教练
员—基本知识 Ⅳ. ①G831.32

中国国家版本馆CIP数据核字（2023）第253756号

JIANSHEN JIAOLIAN JINENG YINGYONG

出版发行	中国海洋大学出版社
社　　址	青岛市香港东路23号　　邮政编码　266071
网　　址	http：//pub.ouc.edu.cn
出 版 人	刘文菁
责任编辑	矫恒鹏　　　　　　　　电　　话　0532-85902349
电子信箱	2586345806@qq.com
印　　制	蓬莱利华印刷有限公司
版　　次	2023年11月第1版
印　　次	2023年11月第1次印刷
成品尺寸	185 mm × 260 mm
印　　张	15.75
字　　数	351千
印　　数	1～1000
定　　价	68.00元
订购电话	0532-82032573（传真）

前　言

　　健身教练技能应用是高校体育专业实践课程的组成部分之一，是培养健身教练人才必不可少的重要内容。

　　本书共五章。其中，第一章健身教练技能概述，是对健身教练技能的概念、术语、内涵及分类的介绍；第二章抗阻训练技能，主要阐述胸腹肌肉、颈背部肌肉、肩部肌肉、手臂肌肉、臀部肌肉及腿部肌肉抗阻训练技能的应用，并介绍抗阻训练保护技能；第三章伸展训练技能，主要阐述静力性伸展训练、动态伸展训练、PNF伸展训练及泡沫轴放松训练技能应用；第四章有氧训练技能，主要阐述有氧器械、户外运动及动感单车技能应用；第五章健身计划技能，主要介绍抗阻训练健身计划、伸展训练健身计划及有氧训练健身计划技能的应用。

　　本书用通俗易懂的语言，对健身教练技能应用进行了系统阐述和深入探讨，充分将科学性、应用性和实践性相结合，对高校体育专业学生更好地掌握健身教练技能具有一定的理论价值和实践意义。最后附有国家体育总局人力中心关于健身教练职业能力（初级、中级）体能、技能考核内容及考核要求，本书中标有★是初级健身教练的考核内容，标有★★是健身教练中级的考核内容。

　　本书由师伟超、王博文共同编写和统稿。具体分工如下：师伟超主要负责第二章、第三章、第四章和第五章，王博文负责第一章。

　　非常感谢吉成健身中心钱虎先生、何玉洁女士，早安易动健身张帅先生在教材编写过程中给予的大力支持和协助，感谢王璐瑶、吕可、郭子霜为本书的学习和实践提供了大量规范性动作图片，使读者更容易掌握书中的技术动作和技术要领。

本书在编写的过程中，参考和借鉴了国内外文献中的部分研究成果和研究观点，在此表示衷心的感谢！

由于编者学术水平有限，尽管力尽所能，反复核对，书中难免会有纰漏和不足，敬请读者批评指正！

目 录

第一章　健身教练技能概述

第一节　健身教练技能的概念及术语

健身教练是社会体育中不可或缺的组成人员，其对人们实现健身诉求起着至关重要的作用。健身教练不但要掌握一定的运动人体科学知识、健身运动知识和技术，还要拥有高超的指导能力，只有这样才能满足人们不断发展的健身需求。健身教练的这种指导能力就属于健身教练技能的范畴。

一、健身教练技能相关概念

（一）健身教练

健身教练是指在健身俱乐部及其他运动场所指导和帮助健身者系统提升健身水平以获得健康的专业人员。健身俱乐部的健身教练一般分为私人健身教练、巡场健身教练和团操健身教练三种。

1. 私人健身教练。

私人健身教练是指在健身俱乐部中对健身者进行一对一指导的健身教练。私人健身教练是健身教练职业中最为常见的模式。

2. 巡场健身教练。

巡场健身教练是指在健身俱乐部中巡视健身区域进而对需要帮助的健身者进行健身指导的健身教练。

3. 团操健身教练。

团操健身教练即团体操课健身教练，是指带领并指导健身者进行团体操课练习的健身教练。

（二）健身教练技能

健身教练技能是指健身教练在获得和掌握相关运动人体科学知识、体育人文理论知识及身体素质训练知识的基础上，通过不断练习而形成的较为稳固的健身技术能力。健身教练技能主要包括抗阻训练技能、伸展训练技能、有氧训练技能和健身计划技能等。

二、健身教练技能相关术语

术语是在特定学科领域用来代表概念含义的集合，我国又称之为科技名词。

健身基本术语是指在健身训练中指代概念的名词，是健身训练中已经形成的约定性的语言符号。健身基本术语主要包括常用方位术语、关节运动术语和肌肉工作术语三种。

（一）常用方位术语

1. 上。

靠近人体头部称之为上。

2. 下。

靠近人体足部称之为下。

3. 前。

靠近腹部一侧称之为前。

4. 后。

靠近背部一侧称之为后。

5. 浅。

靠近身体表面称之为浅。

6. 深。

远离身体表面称之为深。

7. 内侧。

靠近身体正中面的称之为内侧。

8. 外侧。

远离身体正中面的称之外内侧。

9. 近侧。

人体四肢靠近躯干的部分称之为近侧。

10. 远侧。

人体四肢远离躯干的部分称之为远侧。

（二）关节运动术语

1. 屈。

膝关节以上向前运动为屈，膝关节以下向后运动为屈。

2. 伸。

膝关节以上向后运动为伸，膝关节以下向前运动为伸。

3. 外展。

运动环节末端远离正中面为外展。

4. 内收。

运动环节末端靠近正中面为内收。

5. 内旋。

由前向内旋转为内旋（旋前）。

6. 外旋。

由前向外旋转为外旋（旋后）。

7. 环转。

运动关节以近侧端为支点，绕轴做连续的圆周运动称为环转。

8. 水平屈。

运动关节在水平面内绕垂直轴向前运动称为水平屈。

9. 水平伸。

运动关节在水平面内绕垂直轴向后运动称为水平伸。

（三）肌肉工作术语

1. 起点。

躯干肌，靠近人体正中面骨上的附着点称为起点；四肢肌，靠近近侧端骨上的附着点称为起点。

2. 止点。

躯干肌，远离人体正中面骨上的附着点称为止点；四肢肌，靠近远侧端骨上的附着点称为止点。

3. 定点。

在运动中，相对固定骨上的肌肉附着点称为定点。

4. 动点。

在运动中，相对移动骨上的肌肉附着点称为动点。

5. 近固定。

肌肉收缩时，定点在近侧端的称为近固定。

6. 远固定。

肌肉收缩时，定点在远侧端的称为远固定。

7. 上固定。

肌肉收缩时，定点在上端的称为上固定。

8. 下固定。

肌肉收缩时，定点在下端的称为下固定。

9. 无固定。

肌肉收缩时，两端均不固定时称为无固定。

第二节　健身教练技能的内涵与分类

一、抗阻训练技能

（一）抗阻训练技能的内涵

抗阻训练技能是指利用健身器械或自身重量对抗阻力来进行训练以增强肌肉力量和耐力的技术能力。

（二）抗阻训练技能的分类

1. 胸腹肌肉抗阻训练技能。

胸部肌肉抗阻训练技能主要包括胸大肌、胸小肌、前锯肌、肋间外肌、肋间内肌和膈肌等肌肉的抗阻训练技能；腹部肌肉抗阻训练技能主要包括腹直肌、腹横肌、腹外斜肌、腹内斜肌和腰方肌等肌肉的抗阻训练技能。

2. 颈背部肌肉抗阻训练技能。

颈背部肌肉抗阻训练技能主要包括背阔肌、斜方肌、肩胛提肌、菱形肌和竖脊肌等肌肉的抗阻训练技能。

3. 肩部肌肉抗阻训练技能。

肩部肌肉抗阻训练技能主要包括三角肌、大圆肌、小圆肌、肩胛下肌、冈上肌、冈下肌等肌肉的抗阻训练技能。

4. 手臂肌肉抗阻训练技能。

手臂肌肉抗阻训练技能主要包括肱二头肌、肱三头肌等肌肉的抗阻训练技能。

5. 臀部肌肉抗阻训练技能。

臀部肌肉抗阻训练技能主要包括臀大肌、臀中肌、臀小肌和梨状肌等肌肉的抗阻训练技能。

6. 腿部肌肉抗阻训练技能。

腿部肌肉抗阻训练技能主要包括股四头肌、缝匠肌、阔肌膜张肌、股二头肌、半腱肌、半膜肌、长收肌、短收肌、大收肌、股薄肌、小腿三头肌等肌肉的抗阻训练技能。

7. 抗阻训练保护技能。

抗阻训练保护技能包括杠铃平板卧推、杠铃下蹲、哑铃肩上推举、哑铃颈后臂屈伸等抗阻训练保护技能。

二、伸展训练技能

(一)伸展训练技能的内涵

伸展训练技能是指对关节运动幅度进行牵张训练的技术能力,是人体获得良好柔韧性的最佳方法。

(二)伸展训练技能的分类

1. 静力性伸展训练技能。

静力性伸展训练技能主要包括胸大肌、腹直肌、腹内斜肌、腹外斜肌、背阔肌、竖脊肌、斜方肌上部、肩胛提肌、三角肌、肱二头肌、肱三头肌、股二头肌、半腱肌、半膜肌、股四头肌、臀大肌、腓肠肌及髂腰肌等肌肉的静力性伸展技能。

2. 动态伸展训练技能。

动态伸展训练技能主要包括行进间抱膝提踵走、侧弓步拉伸、交叉弓步拉伸、行进间屈膝提踵、弓步俯身转体、弓步直立转体、弓步走、相扑式深蹲、燕式平衡、手足爬行等技能。

3. PNF伸展训练技能。

PNF伸展训练技能主要包括股后肌群PNF伸展技能和胸大肌PNF伸展技能。

4. 泡沫轴放松训练技能。

泡沫轴放松训练技能主要包括斜方肌、背阔肌、臀大肌、臀中肌、臀小肌、梨状肌、股四头肌、股二头肌、半腱肌、半膜肌、股薄肌、长收肌、大收肌、筋膜阔张肌、髂胫束、腓肠肌、比目鱼肌、胫骨前肌等肌肉的泡沫轴放松训练技能。

三、有氧训练技能

（一）有氧训练技能的内涵

有氧训练技能是指人体在有氧气充分供应的基础上进行身体训练的技术能力。

（二）有氧训练技能的分类

1. 有氧器械技能。

有氧器械技能主要包括跑步机练习、椭圆机练习和固定自行车练习等有氧器械技能。

2. 户外运动技能。

户外运动技能主要包括户外行走练习、户外跑步练习、户外踏板练习和户外跳绳练习等户外运动技能。

3. 动感单车技能。

动感单车技能是指合理使用动感单车进行身体练习的技术能力。

四、健身计划技能

（一）健身计划技能的内涵

健身计划技能是指为提高健身水平，针对健身者具体情况而制订周期性健身训练方案的技术能力。

（二）健身计划技能的分类

1. 抗阻训练健身计划技能。

抗阻训练健身计划技能是根据健身者实际情况对抗阻训练目的、运动频率、运动时间、运动强度、完成组数、训练方法和训练原则等进行预先规划的能力。

2.伸展训练健身计划技能。

伸展训练健身计划技能是根据健身者实际情况对伸展训练内容、训练目的、运动频率、运动强度、持续时间、完成组数、间隔时间、运动形式和训练原则等进行预先规划的能力。

3.有氧训练健身计划技能。

有氧训练健身计划技能是根据健身者实际情况对有氧训练的内容、训练目的、运动频率、运动强度、运动时间、运动形式、训练方法和训练原则等进行预先规划的能力。

第二章　抗阻训练技能

第一节　胸腹肌肉抗阻训练技能

胸腹肌肉包括胸部肌肉和腹部肌肉。胸部肌肉主要包括胸大肌、胸小肌、前锯肌、肋间外肌、肋间内肌和膈肌；腹部肌肉主要包括腹直肌、腹横肌、腹外斜肌、腹内斜肌和腰方肌。

一、胸大肌抗阻训练技能

（一）胸大肌的位置、起止点与功能

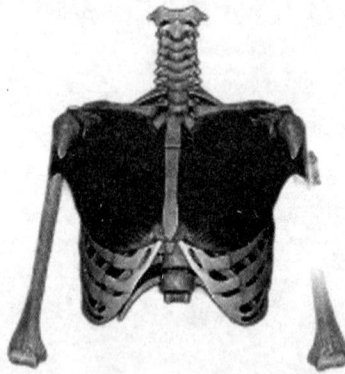

图2-1-1　胸大肌

1. 位置：胸前上部皮下。

2. 起止点：起自于锁骨内侧半、胸骨前面和第1~6肋软骨以及腹直肌鞘前壁上部，止于肱骨大结节嵴。

3. 功能：近固定向心收缩时，使上臂在肩关节处屈、水平屈、内收和内旋。远固定向心收缩时，拉躯干向上臂靠拢，提肋助吸气。

（二）胸大肌抗阻训练方法

1. 器械坐姿胸前平推。★

（1）目标肌肉：胸大肌。

（2）训练目的：锻炼胸大肌的力量与耐力。

（3）使用器械：坐姿推胸器。

（4）动作设计原理：胸大肌近固定向心收缩有使上臂在肩关节水平屈的功能，此动作阻力方向向后，对抗阻力方向向前，在与阻力方向相反的过程中，上臂在肩关节做了一个水平屈的动作，动作与功能相一致，所以该动作可以锻炼到胸大肌。

图2-1-2 器械坐姿胸前平推

（5）身体位置：调整合适的配重片重量及座椅高度，使器械把手略低于肩关节，坐在器械座椅上，两脚左右开立与肩同宽，脚尖稍外展，膝关节自然弯曲朝脚尖方向，骨盆保持中立位，上背部、臀部紧贴椅背，下颌微收，两手正握、闭握器械把手，肘关节自然弯曲，腕关节保持中立位。

（6）身体姿态与稳定：收腹、挺胸、下颌微收、腰部保持正常的生理曲度。

（7）运动方向与幅度：向后至肘关节与双肩在同一平面上或向后略超过肩关节，配重片不相碰，使胸大肌持续受力，向前至肘关节自然伸直或微屈，使胸大肌充分收缩。

（8）安全要求：向后时肘关节不要超过双肩连线过多，配重片不相碰，向前时肘关节不要过伸。整个动作过程中，肩关节外展不超过90°，躯干保持稳定，腕关节保持中立位。

（9）动作时间：向前2～4秒，向后2～4秒。

（10）呼吸方式：向前向心收缩时呼气，向后离心还原时吸气。

2. 器械坐姿飞鸟。★

（1）目标肌肉：胸大肌。

（2）训练目的：锻炼胸大肌的力量与耐力。

（3）使用器械：坐姿夹胸器。

（4）动作设计原理：胸大肌近固定向心收缩有使上臂在肩关节水平屈的功能，此动作阻力方向向后，对抗阻力方向向前，在与阻力方向相反的过程中，上臂在肩关节做了一个水平屈的动作，动作与功能相一致，所以此动作可以锻炼到胸大肌。

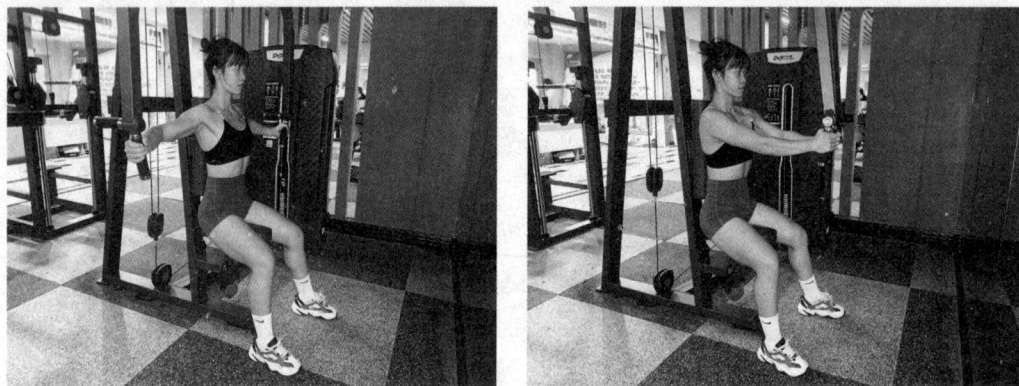

图2-1-3　器械坐姿飞鸟

（5）身体位置：调整合适的配重片重量与座椅高度，使器械把手略低于肩关节，坐在器械座椅上，两脚左右开立与肩同宽，脚尖稍外展，膝关节自然弯曲朝脚尖方向，骨盆保持中立位，上背部、臀部紧贴椅背，下颌微收，两手对握、闭握器械把手，肘关节自然伸直或微屈，腕关节保持中立位。

（6）身体姿态与稳定：收腹、挺胸、下颌微收、腰部保持正常的生理曲度。

（7）运动方向与幅度：向后至肘关节与双肩在同一平面上或向后略超过肩关节，使胸大肌持续受力，向前至两器械把手相靠近，使胸大肌充分收缩。

（8）安全要求：向后时肩关节外展不超过90°，肘关节不要超过双肩连线过多，配重片不相碰，向前时肘关节不要过伸。整个动作过程中，躯干保持稳定，肘关节始终保持自然伸直或微屈，腕关节保持中立位。

（9）动作时间：向前2~4秒，向后2~4秒。

（10）呼吸方式：向前向心收缩时呼气，向后离心还原时吸气。

3. 史密斯机平板卧推。★

（1）目标肌肉：胸大肌。

（2）训练目的：锻炼胸大肌的力量与耐力。

（3）使用器械：史密斯机。

（4）动作设计原理：胸大肌近固定向心收缩有使上臂在肩关节水平屈的功能，此动作阻力方向向下，对抗阻力方向向上，在与阻力方向相反的过程中，上臂在肩关节做了一个水平屈的动作，动作与功能相一致，所以此动作可以锻炼到胸大肌。

图2-1-4 史密斯机平板卧推

（5）身体位置：调整合适重量的杠铃，仰卧平躺在平板训练凳上，确保杠铃在双眼的正上方，两脚左右开立与肩同宽踩实地面，脚尖朝前，膝关节自然弯曲朝脚尖方向，骨盆保持中立位，头后部、上背部、臀部紧贴训练凳，下颌微收，两手采用中握距、正握、闭握杠铃，置于胸部正上方，肘关节自然伸直或微屈，腕关节微伸。

（6）身体姿态与稳定：收腹、挺胸、下颌微收、腰部保持正常生理曲度。

（7）动作方向与幅度：向下至肘关节与肩关节同高或略低于肩关节，使胸大肌持续受力，向上至肘关节自然伸直或微屈，使胸大肌充分收缩。

（8）安全要求：向下时肘关节不要低于肩关节过多，杠铃不要触碰胸部，肩关节外展不超过90°，向上时肘关节不要过伸。整个动作过程中，躯干保持稳定，杠铃始终保持在胸部正上方，腕关节不要过伸。

（9）动作时间：向上2~4秒，向下2~4秒。

（10）呼吸方式：向上向心收缩时呼气，向下离心还原时吸气。

4.杠铃平板卧推。★

（1）目标肌肉：胸大肌。

（2）训练目的：锻炼胸大肌的力量与耐力。

（3）使用器械：杠铃。

（4）动作设计原理：胸大肌近固定向心收缩有使上臂在肩关节水平屈的功能，此动作阻力方向向下，对抗阻力方向向上，在与阻力方向相反的过程中，上臂在肩关节做了一个水平屈的动作，动作与功能相一致，所以此动作可以锻炼到胸大肌。

图2-1-5　杠铃平板卧推

（5）身体位置：调整合适重量的杠铃，仰卧平躺在平板训练凳上，确保杠铃在双眼的正上方，两脚左右开立与肩同宽踩实地面，脚尖朝前，膝关节自然弯曲朝脚尖方向，骨盆保持中立位，头后部、上背部、臀部紧贴训练凳，下颌微收，两手采用中握距、正握、闭握杠铃，置于胸部正上方，肘关节自然伸直或微屈，腕关节微伸。

（6）身体姿态与稳定：收腹、挺胸、下颌微收、腰部保持正常生理曲度。

（7）动作方向与幅度：向下至肘关节与肩关节同高或略低于肩关节，使胸大肌持续受力，向上至肘关节自然伸直或微屈，使胸大肌充分收缩。

（8）安全要求：向下时肘关节不要低于肩关节过多，杠铃不要触碰胸部，肩关节外展不超过90°，向上时肘关节不要过伸。整个动作过程中，躯干保持稳定，杠铃始终保持在胸部正上方，腕关节不要过伸。

（9）动作时间：向上2～4秒，向下2～4秒。

（10）呼吸方式：向上向心收缩时呼气，向下离心还原时吸气。

5.哑铃上斜仰卧飞鸟。★

（1）目标肌肉：胸大肌上部。

（2）训练目的：锻炼胸大肌上部的力量与耐力。

（3）使用器械：哑铃。

（4）动作设计原理：胸大肌上部近固定向心收缩时有使上臂在肩关节处水平屈的功能，此动作阻力方向向下，对抗阻力方向向上，在与阻力方向相反的过程中，上臂在肩关节做了一个水平屈的动作，动作与功能相一致，所以此动作可以锻炼到胸大肌上部。

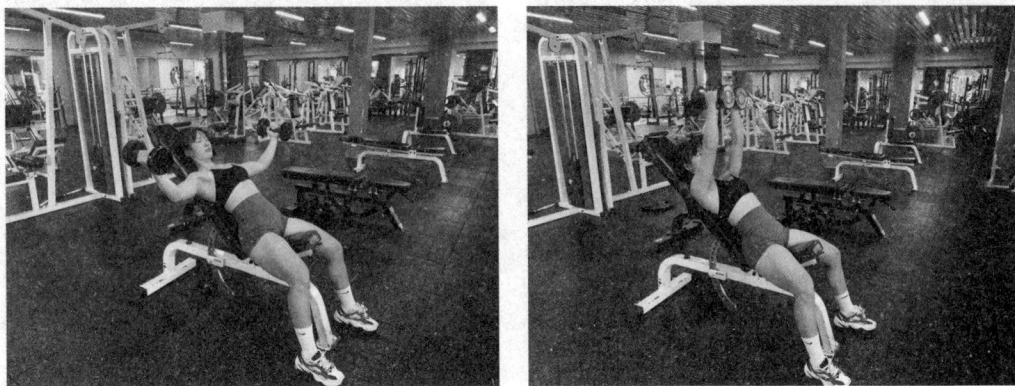

图2-1-6　哑铃上斜仰卧飞鸟

（5）身体位置：选择合适重量的哑铃，仰卧躺在上斜的训练凳上，两脚左右开立与肩同宽，脚尖稍外展踩实地面，膝关节自然弯曲朝脚尖方向，骨盆保持中立位，头后部、上背部、臀部在凳面上，下颌微收，两手对握、闭握哑铃，掌心相对，直臂持哑铃置于胸部上方，肘关节自然伸直或微屈，腕关节保持中立位。

（6）身体姿态与稳定：收腹、挺胸、下颌微收、腰部保持正常生理曲度。

（7）动作方向与幅度：向下至肘关节与肩关节同高或略低于肩关节，使胸大肌上部持续受力，向上至两哑铃相贴近，肘关节自然伸直或微屈，使胸大肌上部充分收缩。

（8）安全要求：向下时肘关节不要低于肩关节过多，肩关节外展不超过90°，向上时肘关节不要过伸。整个动作过程中，躯干保持稳定，腕关节不要过伸。

（9）动作时间：向上2～4秒，向下2～4秒。

（10）呼吸方式：向上向心收缩时呼气，向下离心还原时吸气。

6. 哑铃仰卧飞鸟。

（1）目标肌肉：胸大肌。

（2）训练目的：锻炼胸大肌的力量与耐力。

（3）使用器械：哑铃。

（4）动作设计原理：胸大肌近固定向心收缩有使上臂在肩关节水平屈的功能，此动作阻力方向向下，对抗阻力方向向上，在与阻力方向相反的过程中，上臂在肩关节做了一个水平屈的动作，动作与功能相一致，所以此动作可以锻炼到胸大肌。

13

图2-1-7 哑铃仰卧飞鸟

（5）身体位置：选择合适重量的哑铃，仰卧平躺在训练凳上，两脚左右开立与肩同宽，脚尖稍外展踩实地面，膝关节自然弯曲朝脚尖方向，骨盆保持中立位，头后部、上背部、臀部在凳面上，下颌微收，两手采用对握、闭握哑铃，掌心相对，直臂持哑铃置于胸部上方，肘关节自然伸直或微屈，腕关节微伸。

（6）身体姿态与稳定：收腹、挺胸、下颌微收、腰部保持正常生理曲度。

（7）动作方向与幅度：向下至肘关节与肩关节同高或略低于肩关节，使胸大肌持续受力，向上至两哑铃相靠近，肘关节自然伸直或微屈，使胸大肌充分收缩。

（8）安全要求：向下时肘关节不要低于肩关节过多，肩关节外展不超过90°，向上时肘关节不要过伸。整个动作过程中，躯干保持稳定，腕关节不要过伸。

（9）动作时间：向上2~4秒，向下2~4秒。

（10）呼吸方式：向上向心收缩时呼气，向下离心还原时吸气。

7.哑铃仰卧推举。

（1）目标肌肉：胸大肌。

（2）训练目的：锻炼胸大肌的力量与耐力。

（3）使用器械：哑铃。

（4）动作设计原理：胸大肌近固定向心收缩有使上臂在肩关节水平屈的功能，此动作阻力方向向下，对抗阻力方向向上，在与阻力方向相反的过程中，上臂在肩关节做了一个水平屈的动作，动作与功能相一致，所以此动作可以锻炼到胸大肌。

图2-1-8 哑铃仰卧推举

（5）身体位置：选择合适重量的哑铃，仰卧平躺在训练凳上，两脚左右开立与肩同宽，脚尖稍外展踩实地面，膝关节自然弯曲朝脚尖方向，骨盆保持中立位，头后部、上背部、臀部在凳面上，下颌微收，两手正握、闭握哑铃，掌心相对，直臂持哑铃置于胸部上方，肘关节自然伸直，腕关节微伸。

（6）身体姿态与稳定：收腹、挺胸、下颌微收、腰部保持正常生理曲度。

（7）动作方向与幅度：向下至肘关节与肩关节同高或略低于肩关节，使胸大肌持续受力，向上至肘关节自然伸直或微屈，使胸大肌充分收缩。

（8）安全要求：向下时肘关节不要低于肩关节过多，肩关节外展不超过90°，向上时肘关节不要过伸。整个动作过程中，躯干保持稳定，腕关节不要过伸。

（9）动作时间：向上2～4秒，向下2～4秒。

（10）呼吸方式：向上向心收缩时呼气，向下离心还原时吸气。

8. 俯卧撑。★

（1）目标肌肉：胸大肌。

（2）训练目的：锻炼胸大肌的力量与耐力。

（3）使用器械：自身重量。

（4）动作设计原理：胸大肌近固定向心收缩有使上臂在肩关节水平屈的功能，此动作阻力方向向下，对抗阻力方向向上，在与阻力方向相反的过程中，上臂在肩关节做了一个水平屈的动作，动作与功能相一致，所以此动作可以锻炼到胸大肌。

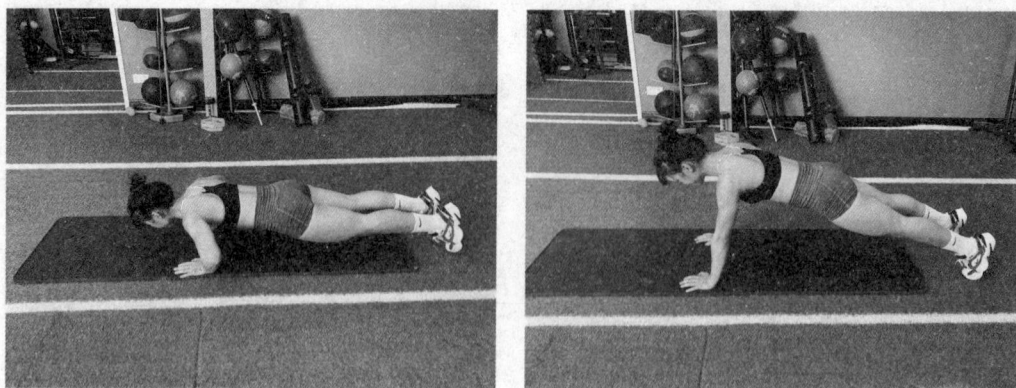

图2-1-9　俯卧撑

（5）身体位置：两手打开比肩稍宽，上臂伸直俯撑于地上，肩关节在肘、腕关节正上方，两脚尖着地，身体保持一条直线，呈平板状，从侧面看，耳、肩、髋在同一条直线上。

（6）身体姿态与稳定：收腹、挺胸、下颌微收、腰部保持正常的生理曲度。

（7）运动方向与幅度：向下至肘关节与肩关节同高或略高于肩关节，使胸大肌持续受力，向上至肘关节自然伸直或微屈，使胸大肌充分收缩。

（8）安全要求：向上时肘关节不要过伸，向下时肘关节不要高于肩关节过多，胸部不要贴在地面上。整个动作过程中，肩关节外展不超过90°，身体始终保持平板状，不弯腰弓背。

（9）动作时间：向上2～4秒，向下2～4秒。

（10）呼吸方式：向上向心收缩时呼气，向下离心还原时吸气。

9. 半俯卧撑。★

（1）目标肌肉：胸大肌。

（2）训练目的：锻炼胸大肌的力量与耐力。

（3）使用器械：自身重量。

（4）动作设计原理：胸大肌近固定向心收缩有使上臂在肩关节水平屈的功能，此动作阻力方向向下，对抗阻力方向向上，在与阻力方向相反的过程中，上臂在肩关节做了一个水平屈的动作，动作与功能相一致，所以此动作可以锻炼到胸大肌。

图2-1-10　半俯卧撑

（5）身体位置：双脚交叉，跪于垫上，膝关节自然弯曲，两手打开比肩稍宽，上臂伸直俯撑于地上，肩关节在肘、腕关节正上方，两膝关节着地，身体保持一条直线，呈平板状，从侧面看，耳、肩、髋在同一条直线上。

（6）身体姿态与稳定：收腹、挺胸、下颌微收、腰部保持正常的生理曲度。

（7）运动方向与幅度：向下至肘关节与肩关节同高或略高于肩关节，使胸大肌持续受力，向上至肘关节自然伸直或微屈，使胸大肌充分收缩。

（8）安全要求：向上时肘关节不要过伸，向下时肩关节外展不超过90°，肘关节不要高于肩关节过多，胸部不要贴在地面上。整个动作过程中，身体始终保持平板状，不弯腰弓背。

（9）动作时间：向上2～4秒，向下2～4秒。

（10）呼吸方式：向上向心收缩时呼气，向下离心还原时吸气。

10.钢线站姿胸部推举（高位）。★★

（1）目标肌肉：胸大肌下部。

（2）训练目的：锻炼胸大肌下部的力量与耐力。

（3）使用器械：钢线拉力器。

（4）动作设计原理：胸大肌下部近固定向心收缩有使上臂在肩关节水平屈的功能，此动作阻力方向向前下，对抗阻力方向向后上，在与阻力方向相反的过程中，上臂在肩关节做了一个水平屈的动作，动作与功能相一致，因此此动作可以锻炼到胸大肌下部。

图2-1-11　钢线站姿胸部推举（高位）

（5）身体位置：调整合适的配重片重量，将器械滑轮调到最高处，两脚左右自然开立或前后弓箭步站立，脚尖朝前，膝关节自然伸直或微屈朝脚尖方向，躯干略前倾，背部挺直，下颌微收，两手正握、闭握拉力器把手置于身体前下侧，肘关节自然伸直或微屈，腕关节保持中立位。

（6）身体姿态与稳定：收腹、挺胸、下颌微收、背部挺直。

（7）运动方向与幅度：向前下推至腹部稍前的位置，两手靠拢，使胸大肌

充分收缩，向后上至肘关节与肩关节同高或略高于肩关节，使胸大肌持续紧张。

（8）安全要求：向前下时肘关节不要过伸，向后上时肩关节外展不超过90°，肘关节不要高于肩关节过多。整个动作过程中，始终保持身体稳定，不要弓背，身体不要前后晃动，腕关节不要过伸。

（9）动作时间：向前下2～4秒，向后上2～4秒。

（10）呼吸方式：向前下向心收缩时呼气，向后上离心还原时吸气。

11.钢线站姿胸部推举（水平位）。★★

（1）目标肌肉：胸大肌。

（2）训练目的：锻炼胸大肌的力量与耐力。

（3）使用器械：钢线拉力器。

（4）动作设计原理：胸大肌近固定向心收缩有使上臂在肩关节水平屈的功能，此动作阻力方向向后，对抗阻力方向向前，在与阻力方向相反的过程中，上臂在肩关节做了一个水平屈的动作，动作与功能相一致，因此此动作可以锻炼到胸大肌。

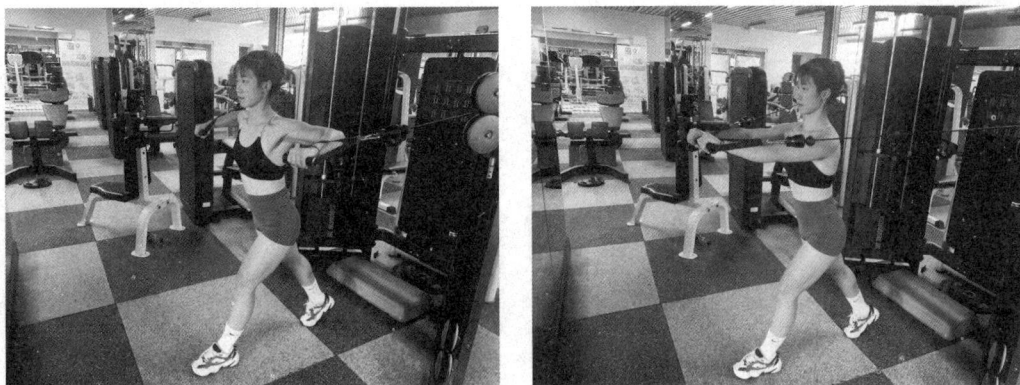

图2-1-12　钢线站姿胸部推举（水平位）

（5）身体位置：调整合适的配重片重量，将器械滑轮调到略低于肩关节，两脚前后开立呈弓箭步站立，脚尖朝前，两脚之间的横向距离与肩同宽，骨盆保持中立位，背部挺直，下颌微收，两手正握、闭握拉力器把手，肘关节自然伸直或微屈，两臂与地面平行，腕关节保持中立位。

（6）身体姿态与稳定：收腹、挺胸、下颌微收、背部挺直。

（7）运动方向与幅度：向前推至肘关节微屈或自然伸直，使胸大肌充分收缩，向后至肘关节与双肩在同一平面上或向后略超过肩关节，使胸大肌持续紧张。

（8）安全要求：向前时肘关节不要过伸，向后时肘关节不超过肩关节连线过多。在整个动作过程中，始终保持身体稳定，不要弓背，身体不要前后晃动，肩关节外展不超过90°，腕关节不要过伸。

（9）动作时间：向前2～4秒，向后2～4秒。

（10）呼吸方式：向前向心收缩时呼气，向后离心还原时吸气。

12.钢线站姿夹胸（高位）。★★

（1）目标肌肉：胸大肌下部。

（2）训练目的：锻炼胸大肌下部的力量与耐力。

（3）使用器械：钢线拉力器。

（4）动作设计原理：胸大肌下部近固定向心收缩有使上臂在肩关节水平屈的功能，此动作阻力方向向后上，对抗阻力方向向前下，在与阻力方向相反的过程中，上臂在肩关节做了一个水平屈的动作，动作与功能相一致，因此此动作可以锻炼到胸大肌下部。

图2-1-13　钢线站姿夹胸（高位）

（5）身体位置：调整合适的配重片重量，将器械滑轮调到最高处，两脚左右开立与肩同宽或前后弓箭步站立，脚尖朝前，膝关节自然伸直或微屈朝脚尖方向，躯干略前倾，背部挺直，下颌微收，两手对握、闭握拉力器把手置于身体前侧，肘关节自然伸直或微屈，腕关节保持中立位。

（6）身体姿态与稳定：收腹、挺胸、下颌微收、背部挺直。

（7）运动方向与幅度：向前下至腹部稍前的位置，两手靠拢，使胸大肌下部充分收缩，向后上打开至肘关节与肩关节同高或略高于肩关节，使胸大肌下部持续紧张。

（8）安全要求：向前下时肘关节不要过伸，向后上时肩关节外展不超过90°，肘关节不要高于肩关节过多。在整个动作过程中，始终保持身体稳定，不要弓背，身体不要前后晃动，腕关节不要过伸。

（9）动作时间：向前下2~4秒，向后上2~4秒。

（10）呼吸方式：向前下向心收缩时呼气，向后上离心还原时吸气。

13. 钢线站姿夹胸（水平位）。★★

（1）目标肌肉：胸大肌。

（2）训练目的：锻炼胸大肌的力量与耐力。

（3）使用器械：钢线拉力器。

（4）动作设计原理：胸大肌近固定向心收缩有使上臂在肩关节水平屈的功能，此动作阻力方向向后，对抗阻力方向向前，在与阻力方向相反的过程中，上臂在肩关节做了一个水平屈的动作，动作与功能相一致，因此此动作可以锻炼到胸大肌。

图2-1-14 钢线站姿夹胸（水平位）

（5）身体位置：调整合适的配重片重量，将器械滑轮调到略低于肩关节，两脚前后开立呈弓箭步站立，两脚之间的横向距离与肩同宽，骨盆保持中立位，背部挺直，下颌微收，两手握对握、闭握拉力器把手置于身体前侧，肘关节自然伸直或微屈，腕关节保持中立位。

（6）身体姿态与稳定：收腹、挺胸、下颌微收、背部挺直。

（7）运动方向与幅度：向前至两把手靠拢，使胸大肌充分收缩，向后至肘关节与双肩在同一平面上或向后略超过肩关节，使胸大肌持续紧张。

（8）安全要求：向前时肘关节不要过伸，向后时肘关节不超过肩关节连线过多，肩关节外展不超过90°。在整个动作过程中，始终保持身体稳定，不要弓背，身体不要前后晃动，腕关节不要过伸。

（9）动作时间：向前2～4秒，向后2～4秒。

（10）呼吸方式：向前向心收缩时呼气，向后离心还原时吸气。

14. 钢线站姿夹胸（低位）。★★

（1）目标肌肉：胸大肌上部。

（2）训练目的：锻炼胸大肌上部的力量与耐力。

（3）使用器械：钢线拉力器。

（4）动作设计原理：胸大肌上部近固定向心收缩有使上臂在肩关节屈的功能，此动作阻力方向向后下，对抗阻力方向向前上，在与阻力方向相反的过程中，上臂在肩关节做了一个屈的动作，动作与功能相一致，因此此动作可以锻炼到胸大肌上部。

图2-1-15 钢线站姿夹胸（低位）

（5）身体位置：调整合适的配重片重量，将器械滑轮调到最低处，两脚左右开立与肩同宽或前后弓箭步站立，躯干略前倾，背部挺直，下颌微收，两手反握、闭握拉力器把手置于身体两侧，肘关节微屈，腕关节保持中立位。

（6）身体姿态与稳定：收腹、挺胸、下颌微收、背部挺直。

（7）运动方向与幅度：向前上至两把手靠拢与胸部同高，使胸大肌上部充分收缩，向后下至身体两侧，配重片不相碰，使胸大肌上部持续紧张。

（8）安全要求：向前上时肘关节不要高于肩关节过多，向后下时肘关节不要太过身体额状面，配重片不相碰。整个动作过程中，始终保持身体稳定，不要弓背，身体不要前后晃动，肘关节始终保持微屈不要过伸，腕关节不要过伸。

（9）动作时间：向前上2~4秒，向后下2~4秒。

（10）呼吸方式：向前上向心收缩时呼气，向后下离心还原时吸气。

15. 弹力带胸部推举。★★

（1）目标肌肉：胸大肌。

（2）训练目的：锻炼胸大肌的力量与耐力。

（3）使用器械：弹力带。

（4）动作设计原理：胸大肌近固定向心收缩有使上臂在肩关节水平屈的功能，此动作阻力方向向后，对抗阻力方向向前，在与阻力方向相反的过程中，上臂在肩关节做了一个水平屈的动作，动作与功能相一致，因此此动作可以锻炼到胸大肌。

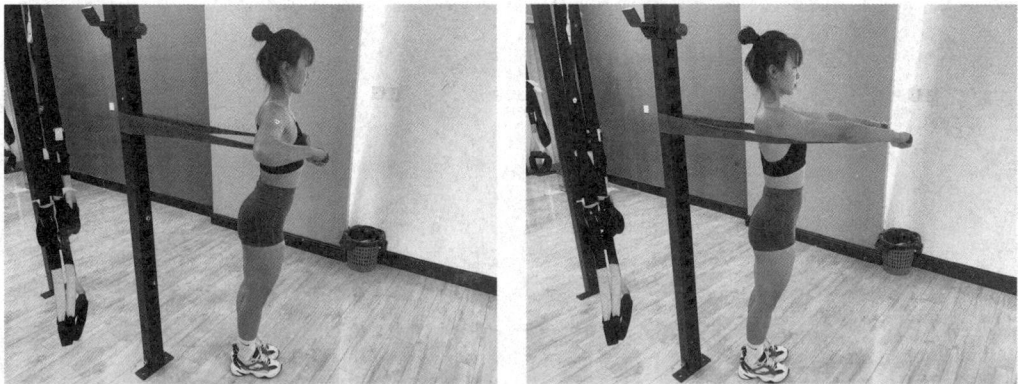

图2-1-16 弹力带胸部推举

（5）身体位置：将弹力带固定在与肩同高的固定物上，两脚左右自然站立，膝关节自然弯曲，骨盆保持中立位，背部挺直，下颌微收，身体稍前倾，两手正握、闭握弹力带，肘关节呈90°，腕关节保持中立位。

（6）身体姿态与稳定：收腹、挺胸、下颌微收、背部挺直。

（7）运动方向与幅度：向前至肘关节自然伸直或微屈，使胸大肌充分收缩，向后至肘关节与双肩在同一平面上或向后略超过肩关节，使胸大肌持续紧张。

（8）安全要求：向前时肘关节不要过伸，向后时肩关节外展不超过90°，肘关节连线不要超过肩关节连线过多，弹力带张力不消失。整个动作过程中，始终保持身体稳定，不要弓背，身体不要前后晃动，不要借力，腕关节不要过伸。

（9）动作时间：向前2~4秒，向后2~4秒。

（10）呼吸方式：向前向心收缩时呼气，向后离心还原时吸气。

16. 双脚健身球俯卧撑。★★

（1）目标肌肉：胸大肌。

（2）训练目的：锻炼胸大肌的力量与耐力。

（3）使用器械：健身球。

（4）动作设计原理：胸大肌近固定向心收缩有使上臂在肩关节水平屈的功能，此动作阻力方向向下，对抗阻力方向向上，在与阻力方向相反的过程中，上臂在肩关节处做了一个水平屈的动作，动作与功能相一致，所以此动作可以锻炼到胸大肌。

图2-1-17　双脚健身球俯卧撑

（5）身体位置：两手分开比肩稍宽，上臂自然伸直俯撑于地上，肩、肘关节在腕关节正上方，双脚在健身球上，身体保持一条直线，呈平板状，从侧面看，耳、肩、髋在同一条直线上。

（6）身体姿态与稳定：收腹、挺胸、下颌微收、腰部保持正常的生理曲度。

（7）运动方向与幅度：向下至肘关节与肩关节同高或略高于肩关节，使胸大肌持续紧张，向上至肘关节自然伸直或微屈，使胸大肌充分收缩。

（8）安全要求：向上时肘关节不要过伸，向下时肘关节不要高于肩关节过多，胸部不要贴在地面上。整个动作过程中，身体始终保持平板状，不弯腰弓背，肩关节外展不超过90°，始终保持健身球稳定。

（9）动作时间：向上2～4秒，向下2～4秒。

（10）呼吸方式：向上向心收缩时呼气，向下离心还原时吸气。

二、胸小肌抗阻训练技能

（一）胸小肌的位置、起止点和功能

1. 位置：胸大肌深层。

2. 起止点：起自第3～5肋骨前面，止于肩胛骨喙突。

3. 功能：近固定向心收缩时，使肩胛骨前伸、下降和下回旋。远固定向心收缩时，提肋助吸气。

（二）胸小肌抗阻训练方法

当做上臂在肩关节处水平屈的动作时，一般伴随

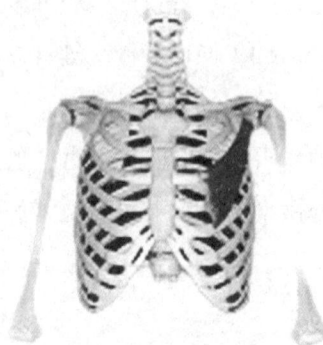

图2-1-18　胸小肌

做出肩胛骨前伸的动作，因此一般练胸大肌的动作均可练到胸小肌，如哑铃上斜仰卧推举，双杠臂屈伸和杠铃平板卧推等，具体见胸大肌抗阻训练技能。

1. 器械高位下拉。★

（1）目标肌肉：胸小肌。

（2）训练目的：锻炼胸小肌的力量与耐力。

（3）使用器械：高位下拉器。

（4）动作设计原理：胸小肌近固定向心收缩有使肩胛骨下回旋的功能，此动作阻力方向向上，对抗阻力方向向下，在与阻力方向相反的过程中，肩胛骨做了一个下回旋的动作，动作与功能相一致，所以此动作可以锻炼到胸小肌。

图2-1-19　器械高位下拉

（5）身体位置：调整合适的配重片重量，坐在器械板凳上，两脚左右自然开立踩实地面，膝关节自然弯曲朝脚尖方向，大腿抵住器械挡筒，骨盆保持中立位，背部挺直，下颌微收，两手采用宽握距，正握、闭握器械杠杆，肘关节自然伸直或微屈，腕关节保持中立位。

（6）身体姿态与稳定：收腹、挺胸、下颌微收、背部挺直、躯干稍后倾。

（7）运动方向与幅度：向下至器械把手接近锁骨位置，使胸小肌充分收缩，向上至肘关节自然伸直或微屈，配重片不相碰，使胸小肌持续受力。

（8）安全要求：向下时器械杠杆不要低于锁骨太多，向上时肘关节不过伸。整个动作过程中，躯干保持稳定，前后摆动幅度不要太大，不要弓背，腕关节始终保持中立位。

（9）动作时间：向下2~4秒，向上2~4秒。

（10）呼吸方式：向下向心收缩时呼气，向上离心还原时吸气。

2.哑铃上斜仰卧推举。

（1）目标肌肉：胸小肌。

（2）训练目的：锻炼胸小肌的力量与耐力。

（3）使用器械：哑铃。

（4）动作设计原理：胸小肌近固定向心收缩有使肩胛骨前伸的功能，此动作阻力方向向下，对抗阻力方向向上，在与阻力方向相反的过程中，肩胛骨做了一个前伸的动作，动作与功能相一致，所以此动作可以锻炼到胸小肌。

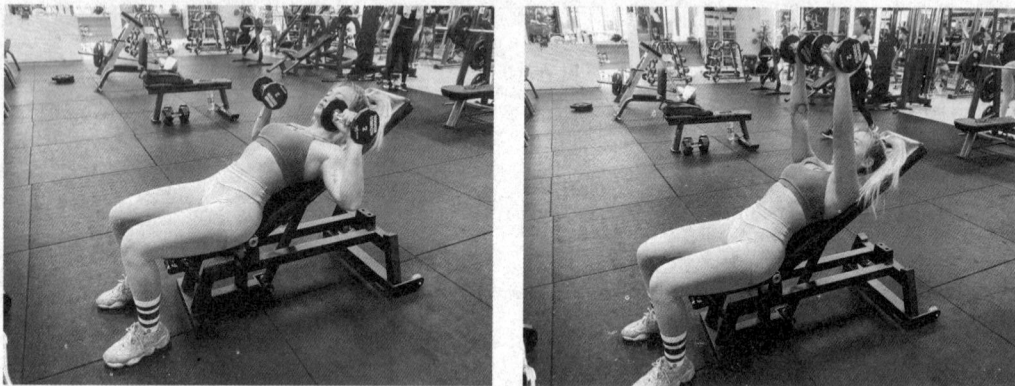

图2-1-20　哑铃上斜仰卧推举

（5）身体位置：选择合适重量的哑铃，仰卧躺在上斜的训练凳上，两脚左右开立与肩同宽踩实地面，膝关节自然弯曲朝脚尖方向，骨盆保持中立位，头后部、上背部、臀部在凳面上，下颌微收，两手采用正握、闭握哑铃，直臂垂直于地面，肘关节自然伸直或微屈，腕关节微伸。

（6）身体姿态与稳定：收腹、挺胸、下颌微收、腰部保持正常生理曲度。

（7）动作方向与幅度：向下至肘关节与肩关节同高或略低于肩关节，使胸小肌持续受力，向上至肘关节自然伸直或微屈，使胸小肌充分收缩。

（8）安全要求：向下时肘关节不要低于肩关节过多，肩关节外展不超过90°，向上时肘关节不要过伸。整个动作过程中，躯干保持稳定，腕关节不要过伸。

（9）动作时间：向上2～4秒，向下2～4秒。

（10）呼吸方式：向上向心收缩时呼气，向下离心还原时吸气。

三、前锯肌抗阻训练技能

（一）前锯肌的位置、起止点和功能。

1. 位置：胸廓侧面浅层。

2. 起止点：起自上位第8～9肋骨的外侧面，止于肩胛骨内侧缘和下角前面。

3. 功能：近固定向心收缩时，使肩胛骨前伸；下部肌纤维收缩可使肩胛骨下降和上回旋。远固定向心收缩时，可提肋助吸气。

图2-1-21 前锯肌

（二）前锯肌抗阻训练方法

当做上臂在肩关节做水平屈的动作时，一般伴随做出肩胛骨前伸的动作；当做上臂在肩关节外展的动作时，一般伴随做出肩胛骨上回旋的动作，因此一般练胸大肌（利用上臂在肩关节水平屈的功能）和三角肌中部（利用上臂在肩关节外展的功能）的动作均可练到前锯肌，具体参照胸大肌、三角肌中部的抗阻训练方法。

1. 器械坐姿肩上推举。

（1）目标肌肉：前锯肌。

（2）训练目的：锻炼前锯肌的力量与耐力。

（3）使用器械：坐姿推肩器。

（4）动作设计原理：前锯肌下部肌纤维近固定向心收缩时有使肩胛骨上回旋的功能，此动作阻力方向向下，对抗阻力方向向上，在与阻力方向相反的过程中，肩胛骨做了一个上回旋的动作，动作与功能相一致，所以此动作可以锻炼到前锯肌。

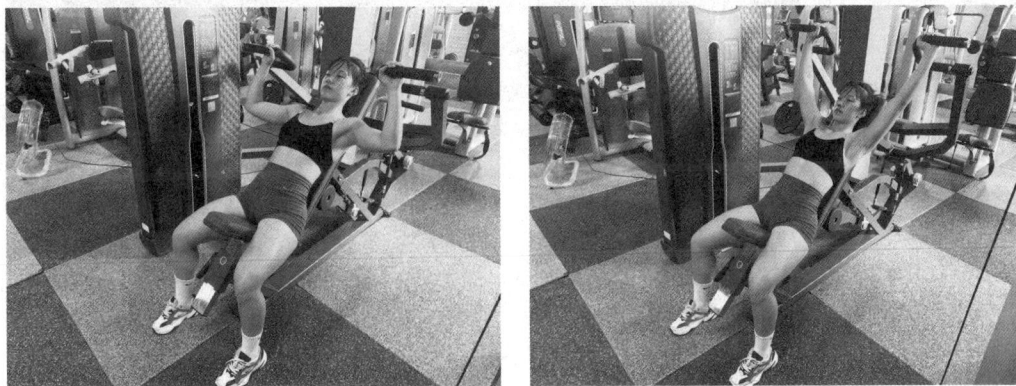

图2-1-22 器械坐姿肩上推举

（5）身体位置：调整好合适的配重片重量与板凳高度，坐在器械座椅上，两脚左右开立与肩同宽踩实地面，膝关节自然弯曲朝脚尖方向，背部挺直，下颌微收，上背部、臀部紧贴椅背，使器械把手高于肩关节，两手正握、闭握把手，肘关节自然弯曲，腕关节保持中立位。

（6）身体姿态与稳定：收腹、挺胸、下颌微收、腰部保持正常的生理曲度。

（7）运动方向与幅度：向上至肘关节自然伸直或微屈，使前锯肌充分收缩，向下至把手下降与肩关节同高或略低于肩关节，配重片不相碰，使前锯肌持续受力。

（8）安全要求：向下肘不要低于肩关节过多，器械片不要相碰，向上肘关节不要过伸，不要耸肩。整个动作过程中，躯干保持稳定，肘关节始终在肩关节前面，腕关节保持中立位。

（9）动作时间：向上2～4秒，向下2～4秒。

（10）呼吸方式：向上向心收缩时呼气，向下离心还原时吸气。

2. 钢线拉力器体侧直臂下压。

（1）目标肌肉：前锯肌。

（2）训练目的：锻炼前锯肌的力量与耐力。

（3）使用器械：钢线拉力器。

（4）动作设计原理：前锯肌下部肌纤维近固定向心收缩时有使肩胛骨下降的功能，此动作阻力方向向上，对抗阻力方向向下，在与阻力方向相反的过程中，肩胛骨做了一个下降的动作，动作与功能相一致，所以此动作可以锻炼到前锯肌。

图2-1-23 钢线拉力器体侧直臂下压

（5）身体位置：调整合适的配重片重量及将滑轮调到最高处，侧对龙门架，两脚左右自然开立，脚尖稍外展，膝关节自然伸直或微屈朝脚尖方向，骨盆保持中立位，背部挺直，下颌微收，一手叉腰，另一手对握、闭握器械把手，肘关节自然伸直或微屈，腕关节保持中立位。

（6）身体姿态与稳定：收腹、挺胸、下颌微收、背部挺直。

（7）动作方向与幅度：向下至器械把手靠近体侧，使前锯肌充分收缩，向上至两臂与地面平行，使前锯肌持续受力。

（8）安全要求：向上时不要耸肩，肘关节不要过度高于肩关节，配重片不相碰，向下时不要借力和惯性发力。整个动作过程中，躯干保持稳定，身体不要过度前倾，肘关节不要过伸，腕关节保持中立位。

（9）动作时间：向上2～4秒，向下2～4秒。

（10）呼吸方式：向下向心收缩时呼气，向上离心还原时吸气。

3. 仰卧哑铃提拉。

（1）目标肌肉：前锯肌。

（2）训练目的：锻炼前锯肌的力量与耐力。

（3）使用器械：哑铃。

（4）动作设计原理：前锯肌近固定向心收缩有使肩胛骨前伸的功能，此动作阻力方向向下，对抗阻力方向向上，在与阻力方向相反的过程中，肩胛骨做了一个前伸的动作，动作与功能相一致，所以此动作可以锻炼到前锯肌。

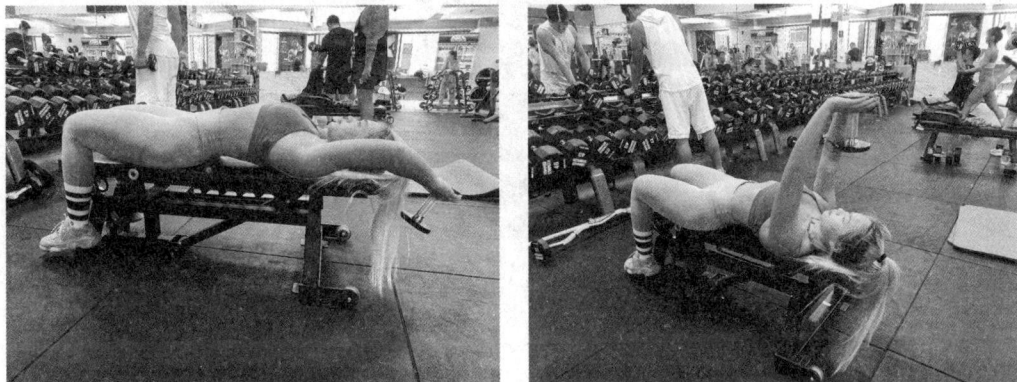

图2-1-24 仰卧哑铃提拉

（5）身体位置：选择合适重量的哑铃，仰卧平躺在训练凳上，两脚左右开立踩实地面，脚尖稍外展，膝关节自然弯曲朝脚尖方向，骨盆保持中立位，头部、上背部、臀部紧贴板凳，下颌微收，两手交叉握住哑铃置于头部正上方，肘关节自然伸直或微屈，腕关节保持中立位。

（6）身体姿态与稳定：收腹、挺胸、下颌微收、腰部保持正常的生理曲度。

（7）动作方向与幅度：向下至两臂与地面平行，使前锯肌持续受力，向上至哑铃接近头部正上方，使前锯肌充分收缩。

（8）安全要求：向上时两臂不要与地面垂直，保持一定的倾角，向下时哑铃不要过度低于头部。整个动作过程中，躯干保持稳定，肘关节不要过伸，腕关节保持中立位。

（9）动作时间：向上2～4秒，向下2～4秒。

（10）呼吸方式：向上向心收缩时呼气，向下离心还原时吸气。

四、腹直肌抗阻训练技能

（一）腹直肌的位置、起止点与功能

1. 位置：腹前壁正中线两侧。

2. 起止点：起自于耻骨上缘，止于胸骨剑突及第5～7肋软骨前面。

3. 功能：上固定向心收缩时，两侧收缩，使骨盆后倾。下固定向心收缩时，一侧收缩，使脊柱向同侧屈；两侧收缩，使脊柱屈。还可降肋助呼气。

图2-1-25　腹直肌

（二）腹直肌抗阻训练方法

1. 器械坐姿卷腹。★

（1）目标肌肉：腹直肌。

（2）训练目的：锻炼腹直肌的力量与耐力。

（3）使用器械：坐姿卷腹训练器。

（4）动作设计原理：腹直肌下固定向心收缩有使脊柱屈的功能，此动作阻力方向

向上，对抗阻力方向向下，在与阻力方向相反的过程中，脊柱做了一个屈的动作，动作与功能相一致，所以此动作可以锻炼到腹直肌。

图2-1-26　器械坐姿卷腹

（5）身体位置：调整合适的配重片重量与座椅高度，坐在器械座椅上，两脚左右开立放在踏板上，膝关节自然弯曲，骨盆保持中立位，背部挺直，下颌微收，上臂紧贴器械挡板，两手对握、闭握器械把手。

（6）身体姿态与稳定：收腹、挺胸、下颌微收、背部挺直。

（7）运动方向与幅度：向下至屈体卷腹带动把手至腹直肌充分收缩，向上至脊柱微屈，配重片不相碰，使腹直肌持续受力。

（8）安全要求：向下时不要爆发用力和惯性发力，向上时配重片不要相碰。整个动作过程中，手臂不要发力，头部保持稳定。

（9）动作时间：向下2~4秒，向上2~4秒。

（10）呼吸方式：向下向心收缩时呼气，向上离心还原时吸气。

2.哑铃仰卧卷腹。

（1）目标肌肉：腹直肌。

（2）训练目的：锻炼腹直肌的力量与耐力。

（3）使用器械：哑铃。

（4）动作设计原理：腹直肌下固定向心收缩有使脊柱屈的功能，此动作阻力方向向下，对抗阻力方向向上，在与阻力方向相反的过程中，脊柱做了一个屈的动作，动作与功能相一致，所以此动作可以锻炼到腹直肌。

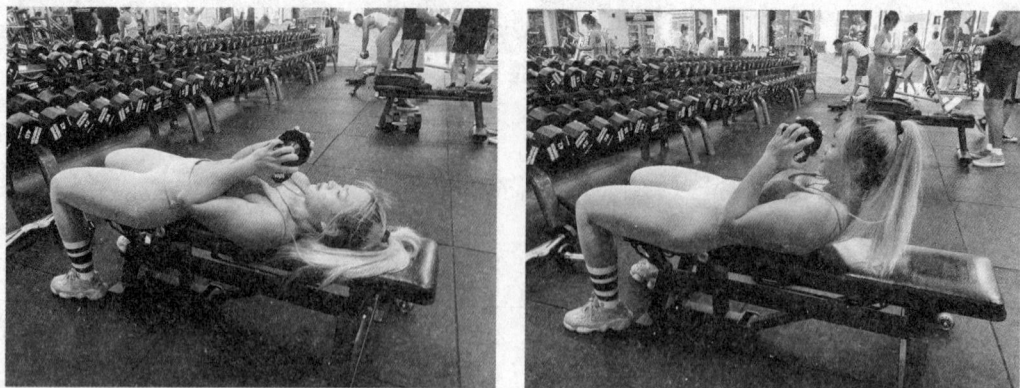

图2-1-27 哑铃仰卧卷腹

（5）身体位置：仰卧平躺在平板凳或垫上，屈膝呈90°，两脚左右开立与肩同宽踩实地面，骨盆保持中立位，背部挺直，下颌微收，两手抓住哑铃两侧置于胸部正上方，贴近身体，肘部夹紧身体。

（6）身体姿态与稳定：收腹、挺胸、下颌微收、背部挺直。

（7）动作方向与幅度：向上至脊柱卷起，使腹直肌充分收缩，向下至肩胛骨接近垫子，使腹直肌持续受力。

（8）安全要求：向上腰椎不要离开垫子，向下背部接近但不贴近垫子，避免肌肉张力消失。整个动作过程中，下颌微收，保持颈椎的稳定，头不要摆动，两臂加紧身体，哑铃靠近身体保持稳定。

（9）动作时间：向下2～4秒，向上2～4秒。

（10）呼吸方式：向上向心收缩时呼气，向下离心还原时吸气。

3. 仰卧卷腹。★

（1）目标肌肉：腹直肌。

（2）训练目的：锻炼腹直肌的力量与耐力。

（3）使用器械：自身重量。

（4）动作设计原理：腹直肌下固定向心收缩有使脊柱屈的功能，此动作阻力方向向上，对抗阻力方向向下，在与阻力方向相反的过程中，脊柱做了一个屈的动作，动作与功能相一致，所以此动作可以锻炼到腹直肌。

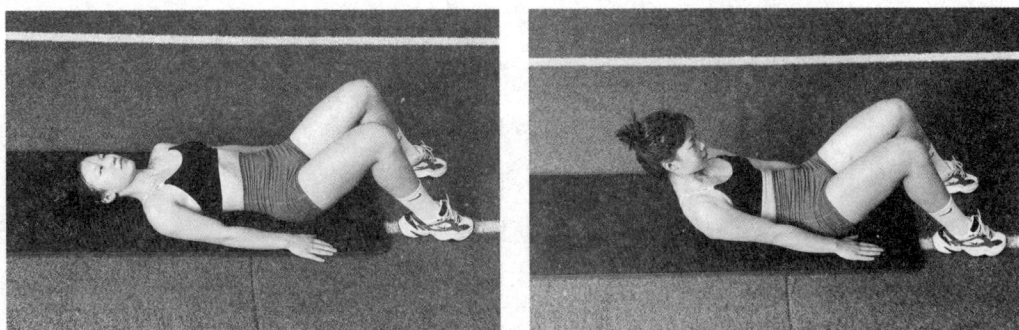

图2-1-28 仰卧卷腹

（5）身体位置：仰卧平躺在垫上，屈膝呈90°，两脚左右开立与肩同宽踩实地面，骨盆保持中立位，背部挺直，下颌微收，两手自然伸直置于身体两侧，掌心朝下。

（6）运动方向与幅度：向上至脊柱卷起，使腹直肌充分收缩，向下至肩胛骨接近垫子，使腹直肌持续受力。

（7）安全要求：向上腰椎不要离开垫子，向下背部接近但不靠近垫子，避免肌肉张力消失。整个动作过程中，下颌微收，保持颈椎的稳定，头不要摆动。

（8）动作时间：向下2～4秒，向上2～4秒。

（9）呼吸方式：向上向心收缩时呼气，向下离心还原时吸气。

4.仰卧举腿。★

（1）目标肌肉：腹直肌。

（2）训练目的：锻炼腹直肌的力量与耐力。

（3）使用器械：自身重量。

（4）动作设计原理：腹直肌上固定向心收缩有使骨盆后倾的功能，此动作阻力方向向下，对抗阻力方向向上，在与阻力方向相反的过程中，骨盆做了一个后倾的动作，动作与功能相一致，所以此动作可以锻炼到腹直肌。

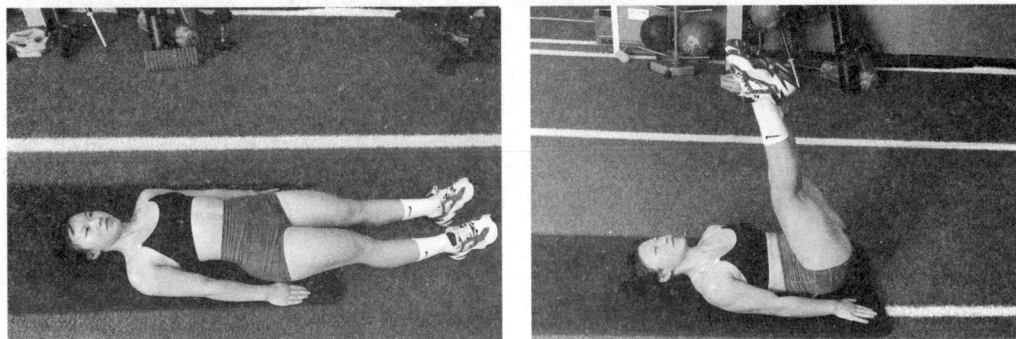

图2-1-29 仰卧举腿

（5）身体位置：仰卧平躺在垫上，两脚自然分开，膝关节自然伸直或微屈，背部挺直，下颌微收，两手自然伸直扶在垫上，掌心朝下。

（6）身体姿态与稳定：收腹、挺胸、下颌微收、背部挺直。

（7）动作方向与幅度：向上至两腿与地面夹角大于90°，臀部提离地面，使腹直肌充分收缩，向下至臀部靠近垫子，使腹直肌持续受力。

（8）安全要求：向上臀部提起时幅度不要过大，向下臀部靠近垫子，但不要完全贴紧垫子。整个动作过程中，保持颈椎的稳定，头不要摆动。

（9）动作时间：向下2~4秒，向上2~4秒。

（10）呼吸方式：向上向心收缩时呼气，向下离心还原时吸气。

5. 悬垂举腿。★

（1）目标肌肉：腹直肌。

（2）训练目的：锻炼腹直肌的力量与耐力。

（3）使用器械：自身重量。

（4）动作设计原理：腹直肌上固定向心收缩有使骨盆后倾的功能，此动作阻力方向向下，对抗阻力方向向上，在与阻力方向相反的过程中，骨盆做了一个后倾的动作，动作与功能相一致，所以此动作可以锻炼到腹直肌。

图2-1-30　悬垂举腿

（5）身体位置：两手正握、闭握单杠，握距与肩同宽悬垂于单杠下，肘关节自然伸直或微屈，腕关节保持中立位，两脚并拢蹦脚尖，骨盆保持中立位，背部挺直，下颌微收，从侧面看，耳、肩、髋在同一条直线上。

（6）身体姿态与稳定：收腹、挺胸、下颌微收、背部挺直。

（7）运动方向与幅度：向上至大腿与髋关节同高或略高于髋关节，使腹直肌充分收缩，向下至髋关节微屈，使腹直肌持续受力。

（8）安全要求：向上大腿不要过高于髋关节，向下腹直肌张力不消失。整个动作过程中，躯干保持稳定，不要借力，前后不要过分晃动。

（9）动作时间：向上2~4秒，向下2~4秒。

（10）呼吸方式：向上向心收缩时呼气，向下离心还原时吸气。

6. 钢线拉力器卷腹。★★

（1）目标肌肉：腹直肌。

（2）训练目的：锻炼腹直肌的力量与耐力。

（3）使用器械：钢线拉力器。

（4）动作设计原理：腹直肌下固定向心收缩有使脊柱屈的功能，此动作阻力方向向上，对抗阻力方向向下，在与阻力方向相反的过程中，脊柱做了一个屈的动作，动作与功能相一致，所以此动作可以锻炼到腹直肌。

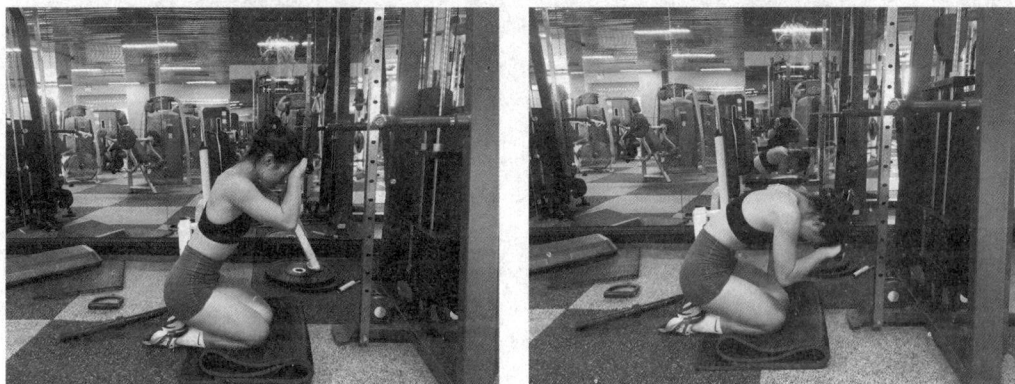

图2-1-31 钢线拉力器卷腹

（5）身体位置：选择合适的配重片重量，调整器械滑轮至最上方，跪在瑜伽垫上，双膝并拢，绷紧脚尖，臀部坐在小腿上，骨盆保持稳定，背部挺直，下颌微收，两手窄握、反握、闭握短杆，置于前额上方。

（6）身体姿态与稳定：收腹、挺胸、下颌微收、背部挺直。

（7）动作方向与幅度：向下至肘关节充分向髋关节靠拢，使腹直肌充分收缩，向上至脊柱微屈，配重片不相碰，使腹直肌持续受力。

（8）安全要求：向下时不要用爆发力，颈椎不要过屈，向上时脊柱不要超伸，配重片不相碰。整个动作过程中，头不要前伸后仰，骨盆始终保持稳定，整个手臂保持固定，保持把手稳定。

（9）动作时间：向下2~4秒，向上2~4秒。

（10）呼吸方式：向下向心收缩时呼气，向上离心还原时吸气。

7. 弹力带仰卧卷腹。★★

（1）目标肌肉：腹直肌。

（2）训练目的：锻炼腹直肌的力量与耐力。

（3）使用器械：弹力带。

（4）动作设计原理：腹直肌下固定向心收缩有使脊柱屈的功能，此动作阻力方向向上，对抗阻力方向向下，在与阻力方向相反的过程中，脊柱做了一个屈的动作，动作与功能相一致，所以此动作可以锻炼到腹直肌。

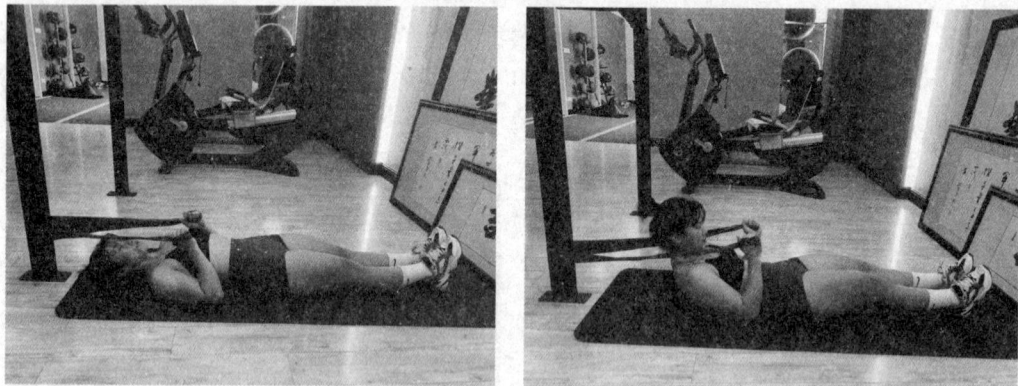

图2-1-32　弹力带仰卧卷腹

（5）身体位置：选择合适张力的弹力带系在固定物上，仰卧平躺在垫上，两脚左右自然开立，膝关节自然伸直，骨盆保持中立位，脊柱保持正常的生理曲度，下颌微收，两手对握、闭握弹力带，贴近胸部。

（6）身体姿态与稳定：收腹、挺胸、下颌微收、背部挺直。

（7）动作方向与幅度：向下至肘关节充分向髋关节靠拢，使腹直肌充分收缩，向上至脊柱微屈，弹力带张力不消失，使腹直肌持续受力。

（8）安全要求：向下时不要用爆发力，颈椎不要过屈，向上时脊柱不要超伸，弹力带张力不消失。整个动作过程中，头不要前伸后仰，骨盆始终保持稳定，腰部不要离开垫子。

（9）动作时间：向上2~4秒，向下2~4秒。

（10）呼吸方式：向下向心收缩时呼气，向上离心还原时吸气。

五、腹外斜肌/腹内斜肌抗阻训练技能

（一）腹外斜肌的位置、起止点和功能

1. 位置：腹部前外侧浅层。肌纤维方向由外上向前内下斜行。

2. 起止点：起自于第5~12肋骨外侧面，止点于髂嵴、耻骨结节及白线，肌肉腱膜参与组成腹直肌鞘前壁。

3. 功能：上固定向心收缩时，两侧收缩，使骨盆后倾。下固定向心收缩时，一侧收缩，使脊柱向同侧屈和对侧回旋；两侧收缩，有使脊柱屈及降肋助呼气。

图2-1-33　腹外斜肌

（二）腹内斜肌的位置、起止点和功能

1. 位置：位于腹外斜肌深层。肌纤维方向由后外下向前内上斜行。

2. 起止点：起自于胸腰筋膜，髂嵴和腹股沟韧带外侧，止点于第10~12肋骨下缘和白线，其腱膜参与构成腹直肌鞘前、后壁。

3. 功能：上固定向心收缩时，两侧收缩，使骨盆后倾。下固定向心收缩时，一侧收缩，使脊柱向同侧屈和同侧回旋；两侧收缩，使脊柱屈。

图2-1-34　腹内斜肌

（三）腹外斜肌/腹内斜肌抗阻训练方法

1. 器械转体（下固定）。★

（1）目标肌肉：腹外斜肌/腹内斜肌。

（2）训练目的：锻炼腹外斜肌/腹内斜肌的力量与耐力。

（3）使用器械：腹外斜肌/腹内斜肌训练器。

（4）动作设计原理：此动作阻力方向向右，对抗阻力方向向左，在与阻力方向相反的过程中，脊柱做了个向对侧回旋/同侧回旋的动作，因为腹外斜肌/腹内斜肌下固定向心收缩有使脊柱向对侧回旋/同侧回旋的功能，动作与功能相一致，所以此动作可以锻炼到腹外斜肌/腹内斜肌。

图2-1-35　器械转体（下固定）

（5）身体位置：调整合适的配重片重量肌座椅高度，坐在器械座椅上，骨盆保持中立位，背部挺直，下颌微收，身体正向前方，两手对握、闭握器械把手。

（6）身体姿态与稳定：收腹、挺胸、下颌微收、背部挺直。

（7）运动方向与幅度：向一侧转体与身体正中面呈45°，使异侧腹外斜肌/同侧腹内斜肌充分收缩，向另一侧转体与身体正中面呈45°，配重片不相碰，使异侧腹外斜肌/同侧腹内斜肌持续受力。

（8）安全要求：向一侧转体角度不要超过45°太多，向另一侧转体配重片不相碰。整个动作过程中，下肢与骨盆保持稳定，手臂保持稳定，不要发力协助转体。

（9）动作时间：向左2～4秒，向右2～4秒。

（10）呼吸方式：向左向心收缩时呼气，向右离心还原时吸气。

2. 钢线拉力器站姿转体。★★

（1）目标肌肉：腹外斜肌/腹内斜肌。

（2）训练目的：锻炼腹外斜肌/腹内斜肌的力量与耐力。

（3）使用器械：钢线拉力器。

（4）动作设计原理：此动作阻力方向向内，对抗阻力方向向外，在与阻力方向相反的过程中，脊柱做了一个向对侧/同侧回旋的动作，因为腹外斜肌/腹内斜肌下固定向心收缩有使脊柱向对侧/同侧回旋的功能，动作与功能相一致，所以此动作可以锻炼到腹外斜肌/腹内斜肌。

图2-1-36 钢线拉力器站姿转体

（5）身体位置：调整合适的配重片重量，将器械滑轮调到与肩部同高的位置，身体侧对拉力器器械滑轮，两脚左右开立与肩同宽，脚尖稍外展，膝关节自然伸直朝脚尖方向，骨盆保持中立位，背部挺直，下颌微收，两手采用对握、闭握抓住拉力器把手，两臂伸直与地面平行，肘关节自然伸直或微屈，腕关节保持中立位。

（6）身体姿态与稳定：收腹、挺胸、下颌微收、背部挺直。

（7）向一侧转体与身体正中面呈45°，使异侧腹外斜肌/同侧腹内斜肌充分收缩，向另一侧转体与身体正中面呈45°，配重片不相碰，使异侧腹外斜肌/同侧腹内斜肌持续受力。

（8）安全要求：向一侧转体角度不要超过45°太多，向另一侧转体配重片不相碰。整个动作过程中，下肢与骨盆保持稳定，手臂保持稳定，不要发力协助转体。

（9）动作时间：向内2～4秒，向外2～4秒。

（10）呼吸方式：向外向心收缩时呼气，向内离心还原时吸气。

3. 弹力带转体。★★

（1）目标肌肉：腹外斜肌/腹内斜肌。

（2）训练目的：锻炼腹外斜肌/腹内斜肌的力量与耐力。

（3）使用器械：弹力带。

（4）动作设计原理：此动作阻力方向向内，对抗阻力方向向外，在与阻力方向相反的过程中，脊柱做了一个向对侧/同侧回旋的动作，因为腹外斜肌/腹内斜肌下固定向心收缩有使脊柱向对侧/同侧回旋的功能，动作与功能相一致，所以此动作可以锻炼到腹外斜肌/腹内斜肌。

图2-1-37　弹力带转体

（5）身体位置：选择合适张力的弹力带系在与肩同高的固定物上，身体侧对固定物，两脚左右开立与肩同宽，脚尖稍外展，膝关节自然伸直朝脚尖方向，骨盆保持中立位，背部挺直，下颌微收，两手采用对握、闭握弹力带，两臂伸直与地面平行，肘关节自然伸直或微屈，腕关节保持中立位。

（6）身体姿态与稳定：收腹、挺胸、下颌微收、背部挺直。

（7）向一侧转体与身体正中面呈45°，使异侧腹外斜肌/同侧腹内斜肌充分收缩，向另一侧转体与身体正中面呈45°，配重片不相碰，使异侧腹外斜肌/同侧腹内斜肌持续受力。

（8）安全要求：向一侧转体角度不要超过45°太多，向另一侧转体配重片不相碰。整个动作过程中，下肢与骨盆保持稳定，手臂保持稳定，不要发力协助转体。

（9）动作时间：向内2~4秒，向外2~4秒。

（10）呼吸方式：向外向心收缩时呼气，向内离心还原时吸气。

4.仰卧卷腹转体。★

（1）目标肌肉：腹外斜肌/腹内斜肌。

（2）训练目的：锻炼腹外斜肌/腹内斜肌的力量与耐力。

（3）使用器械：自身重量。

（4）动作设计原理：此动作阻力方向向下，对抗阻力方向向上，在与阻力方向相反的过程中，脊柱做了一个屈和向对侧/同侧回旋的动作，因为腹外斜肌/腹内斜肌下固定向心收缩有使脊柱屈和向对侧/同侧回旋的功能，动作与功能相一致，所以此动作可以锻炼到腹外斜肌/腹内斜肌。

图2-1-38　仰卧卷腹转体

（5）身体位置：身体仰卧于垫子上，两脚左右开立与肩同宽踩实地面，屈膝呈90°，骨盆保持中立位，背部挺直，下颌微收，两手在耳边轻轻托住头部或双臂抱于胸前。

（6）身体姿态与稳定：收腹、挺胸、下颌微收、背部挺直。

（7）运动方向与幅度：向上至脊柱卷起，同时向一侧转体，使腹外斜肌/腹内斜肌充分收缩，向下至背部接近地面，使腹外斜肌/腹内斜肌持续受力。

（8）安全要求：向上腰椎不离开垫子，向下背部不要触碰垫子。整个动作过程中，骨盆保持中立位，下颌微收，颈椎保持稳定，头不要摆动。

（9）动作时间：向下2～4秒，向上2～4秒。

（10）呼吸方式：向上向心收缩时呼气，向下离心还原时吸气。

5. 哑铃仰卧卷腹转体。

（1）目标肌肉：腹外斜肌/腹内斜肌。

（2）训练目的：锻炼腹外斜肌/腹内斜肌的力量与耐力。

（3）使用器械：哑铃。

（4）动作设计原理：此动作阻力方向向下，对抗阻力方向向上，在与阻力方向相反的过程中，脊柱做了一个屈和向对侧/同侧回旋的动作，因为腹外斜肌/腹内斜肌下固定向心收缩有使脊柱屈和向对侧/同侧回旋的功能，动作与功能相一致，所以此动作可以锻炼到腹外斜肌/腹内斜肌。

图2-1-39 哑铃仰卧卷腹转体

（5）身体位置：选择合适重量的哑铃，身体仰卧于垫子上，两脚左右开立与肩同宽，膝关节自然弯曲朝脚尖方向，脚尖稍外展踩于地面，骨盆保持中立位，背部挺直，下颌微收，一手放在身体同侧地面，掌心朝下，另一手对握、闭握哑铃直臂举起置于胸部正上方，肘关节自然伸直或微屈，腕关节保持中立位。

（6）身体姿态与稳定：收腹、挺胸、下颌微收、背部挺直。

（7）运动方向与幅度：向上至脊柱卷起，同时向一侧转体，使对侧腹外斜肌/同侧腹内斜肌充分收缩，向下至背部接近地面，使对侧腹外斜肌/同侧腹内斜肌持续受力。

（8）安全要求：向上腰椎不离开垫子，向下背部不要触碰垫子。整个动作过程中，骨盆保持中立位，下颌微收，哑铃始终在腕、肘及肩关节的正上方，颈椎保持稳定，头不要摆动。

（9）动作时间：向下2～4秒，向上2～4秒。

（10）呼吸方式：向上向心收缩时呼气，向下离心还原时吸气。

6. 半球仰卧卷腹转体。★★

（1）目标肌肉：腹外斜肌/腹内斜肌。

（2）训练目的：锻炼腹外斜肌/腹内斜肌的力量与耐力。

（3）使用器械：半球。

（4）动作设计原理：此动作阻力方向向下，对抗阻力方向向上，在与阻力方向相反的过程中，脊柱做了一个屈和向对侧/同侧回旋的动作，因为腹外斜肌/腹内斜肌下固定向心收缩有使脊柱屈和向对侧/同侧回旋的功能，动作与功能相一致，所以此动作可以锻炼到腹外斜肌/腹内斜肌。

图2-1-40 半球仰卧卷腹转体

（5）身体位置：仰卧平躺半球上，两脚左右开立与肩同宽踩实地面，屈膝呈90°，骨盆保持中立位，背部挺直，下颌微收，两手在耳边轻轻托住头部或双臂抱于胸前。

（6）身体姿态与稳定：收腹、挺胸、下颌微收、背部挺直。

（7）运动方向与幅度：向上至脊柱卷起，同时向一侧转体，使腹外斜肌/腹内斜肌充分收缩，向下至背部接近地面，使腹外斜肌/腹内斜肌持续受力。

（8）安全要求：向上腰椎不要离开半球，不要用爆发力，以免腰椎受伤，向下脊柱保持自然挺直，不要过伸。整个动作过程中，下颌微收，保持颈椎的稳定，头不要摆动。

（9）动作时间：向下2～4秒，向上2～4秒。

（10）呼吸方式：向上向心收缩时呼气，向下离心还原时吸气。

7. 双腿悬吊侧支撑。★★

（1）目标肌肉：腹外斜肌/腹内斜肌。

（2）训练目的：锻炼腹外斜肌/腹内斜肌的力量与耐力。

（3）使用器械：悬吊系统。

（4）动作设计原理：此动作阻力方向向下，对抗阻力方向向上，在与阻力方向相反的过程中，做了维持腹压和脊柱正常生理弯曲的动作，因为腹外斜肌/腹内斜肌肌等长收缩时有维持腹压和脊柱正常生理弯曲的功能，动作与功能相一致，所以此动作可以锻炼到腹外斜肌/腹内斜肌。

图2-1-41 双腿悬吊侧支撑

（5）身体位置：侧身前臂撑在地面，屈肘呈90°，上臂与地面垂直，另一只手紧贴体侧，双脚脚面贴紧悬吊环，膝关节自然伸直或微屈，骨盆保持中立位，背部挺直，下颌微收，身体保持一条直线，呈平板状，从侧面看，耳、肩、髋在同一条直线上。

（6）身体姿态与稳定：收腹、挺胸、下颌微收、腰部保持正常的生理曲度。

（7）运动方向与幅度：保持身体呈平板状。

（8）安全要求：身体始终保持平板状，始终与地面平行，不要向下塌腰。

（9）动作时间：保持15～30秒。

（10）呼吸方式：保持均匀呼吸。

六、腹横肌的抗阻训练技能

（一）腹横肌的位置、起止点和功能

1. 位置：腹内斜肌深层，肌纤维横向分布。

2. 起止点：起自第7～12肋骨内面，胸腰筋膜、髂嵴和腹股沟韧带外侧，止于白线，腹横肌腱膜参与组成腹直肌鞘后壁。

3. 功能：维持腹部压力。

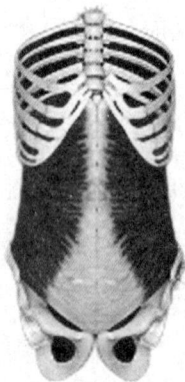

图2-1-42　腹横肌

（二）腹横肌抗阻训练方法

1. 平板支撑。★★

（1）目标肌肉：腹横机。

（2）训练目的：锻炼腹横机的力量与耐力。

（3）使用器械：自身重量。

（4）动作设计原理：腹横机等长收缩时有使维持躯干稳定和脊柱正常生理弯曲的功能，此动作阻力方向向下，对抗阻力方向向上，在与阻力方向相反的过程中，做了维持躯干稳定和脊柱正常生理弯曲的动作，动作与功能相一致，所以此动作可以锻炼到腹横机。

（5）身体位置：两手打开与肩同

图2-1-43　平板支撑

宽，肘关节呈90°，上臂垂直于地面，前臂紧贴垫子，掌心朝下，身体俯身呈平板状，收腹挺胸，下颌微收，两脚并拢前脚掌点地，膝关节自然伸直或微屈，从侧面看，耳、肩、髋、脚在一条直线上。

（6）身体姿态与稳定：收腹、挺胸、下颌微收、背部挺直。

（7）运动方向与幅度：身体始终保持平板状态。

（8）安全要求：不要塌腰弓，以免造成腰背部压力过大，骨盆保持中立位，不要晃动。

（9）动作时间：保持15～30秒。

（10）呼吸方式：保持均匀呼吸。

2. 双肘悬吊平板支撑。★★

（1）目标肌肉：腹横肌/腹直肌。

（2）训练目的：锻炼腹横肌/腹直肌的力量与耐力。

（3）使用器械：悬吊系统。

（4）动作设计原理：腹横肌/腹直肌等长收缩有维持腹压、维持脊柱正常生理弯曲的功能，此动作阻力方向向下，对抗阻力方向向上，在与阻力方向相反的过程中，做了一个维持腹压、维持脊柱正常生理弯曲的动作，动作与功能相一致，所以此动作可以锻炼到腹横肌/腹直肌。

图2-1-44 双肘悬吊平板支撑

（5）身体位置：双臂屈肘呈90°，前臂撑稳悬吊把手，上臂与地面垂直，前臂在平行地面，双脚左右开立与肩同宽，脚尖着地，膝关节自然伸直或微屈，骨盆保持中立位，背部挺直，下颌微收，身体保持一条直线，呈平板状，从侧面看，耳、肩、髋在同一条直线上。

（6）身体姿态与稳定：收腹、挺胸、下颌微收、腰部保持正常的生理曲度。

（7）运动方向与幅度：身体始终保持平板状态。

（8）安全要求：身体始终保持平板状，始终与地面平行，不要向下塌腰。

（9）动作时间：保持15～30秒。

（10）呼吸方式：保持均匀呼吸。

3. 双腿悬吊平板支撑。★★

（1）目标肌肉：腹横肌/腹直肌。

（2）训练目的：锻炼腹横肌/腹直肌的力量与耐力。

（3）使用器械：悬吊系统。

（4）动作设计原理：腹横肌/腹直肌等长收缩有维持腹压、维持脊柱正常生理弯曲的功能，此动作阻力方向向下，对抗阻力方向向上，在与阻力方向相反的过程中，做了一个维持腹压、维持脊柱正常生理弯曲的动作，动作与功能相一致，所以此动作可以锻炼到腹横肌/腹直肌。

图2-1-45 双腿悬吊平板支撑

（5）身体位置：两手分开与肩同宽，双臂屈肘90°，上臂与地面垂直，前臂在垫上，双脚脚面贴紧悬吊环，膝关节自然伸直或微屈，骨盆保持中立位，背部挺直，下颌微收，身体保持一条直线，呈平板状，从侧面看，耳、肩、髋在同一条直线上。

（6）身体姿态与稳定：收腹、挺胸、下颌微收、腰部保持正常的生理曲度。

（7）运动方向与幅度：身体始终保持平板状态。

（8）安全要求：身体始终保持平板状，始终与地面平行，不要向下塌腰。

（9）动作时间：保持15～30秒。

（10）呼吸方式：保持均匀呼吸。

第二节 颈背部肌肉抗阻训练技能

颈背部肌肉包括背阔肌、斜方肌、肩胛提肌、菱形肌和竖脊肌等。

一、背阔肌抗阻训练技能

（一）背阔肌的位置、起止点与功能

1. 位置：腰背部和胸部后外侧皮下。

2. 起止点：起自第7～12胸椎及全部腰椎棘突、骶正中嵴、髂嵴后部和第10～12肋外侧面，止于肱骨小结节嵴。

3. 功能：近固定向心收缩，使上臂在肩关节处伸、内收和内旋。远固定向心收缩，拉躯干向上臂靠拢，并可辅助吸气。

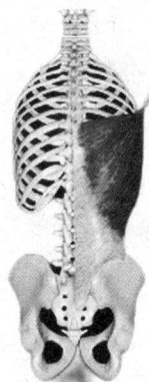

图2-2-1 背阔肌

（二）背阔肌抗阻训练方法

1. 器械坐姿划船。★

（1）目标肌肉：背阔肌。

（2）训练目的：锻炼背阔肌的力量与耐力。

（3）使用器械：坐姿划船器。

（4）动作设计原理：背阔肌近固定向心收缩有使上臂在肩关节伸的功能，此动作阻力方向向前，对抗阻力方向向后，在与阻力方向相反的过程中，上臂在肩关节做了一个伸的动作，动作与功能相一致，所以此动作可以锻炼到背阔肌。

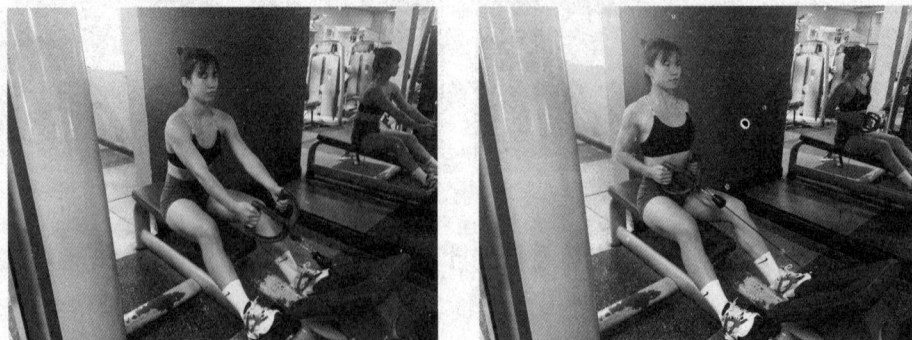

图2-2-2 器械坐姿划船

（5）身体位置：调整合适的配重片重量，坐在器械板凳上，两脚放在踏板上，膝关节自然弯曲，骨盆保持中立位，背部挺直，下颌微收，两手对握、闭握器械把手，肘关节自然伸直或微屈，腕关节保持中立位。

（6）身体姿态与稳定：收腹、挺胸、下颌微收、背部挺直。

（7）运动方向与幅度：向后至器械把手接近腹部，使背阔肌充分收缩，向前至肘关节自然伸直或微屈，配重片不相碰，使背阔肌持续受力。

（8）安全要求：向后时器械把手不要太高，肩关节不要外展，向前时肘关节不过伸。整个动作过程中，躯干保持稳定，不前后晃动，不要弓背，腕关节始终保持中立位。

（9）动作时间：向前2～4秒，向后2～4秒。

（10）呼吸方式：向后向心收缩呼气，向前离心还原时吸气。

2.器械高位下拉。★

（1）目标肌肉：背阔肌。

（2）训练目的：锻炼背阔肌的力量与耐力。

（3）使用器械：高位下拉器。

（4）动作设计原理：背阔肌近固定向心收缩有使上臂在肩关节内收的功能，此动作阻力方向向上，对抗阻力方向向下，在与阻力方向相反的过程中，上臂在肩关节做了一个内收的动作，动作与功能相一致，所以此动作可以锻炼到背阔肌。

图2-2-3　器械高位下拉

（5）身体位置：调整合适的配重片重量，坐在器械板凳上，两脚左右开立踩实地面，脚尖朝前，膝关节自然弯曲朝脚尖方向，大腿抵住器械挡筒，骨盆保持中立位，背部挺直，下颌微收，两手采用宽握距，正握、闭握器械杠杆，肘关节自然伸直或微

屈，腕关节保持中立位。

（6）身体姿态与稳定：收腹、挺胸、下颌微收、背部挺直、躯干稍后倾。

（7）运动方向与幅度：向下至器械把手接近锁骨位置，使背阔肌充分收缩，向上至肘关节自然伸直或微屈，配重片不相碰，使背阔肌持续受力。

（8）安全要求：向下时器械杠杆不要低于锁骨太多，向上时肘关节不要过伸。整个动作过程中，躯干保持稳定，前后摆动幅度不要太大，不要弓背，腕关节始终保持中立位。

（9）动作时间：向下2～4秒，向上2～4秒。

（10）呼吸方式：向下向心收缩呼气，向上离心还原时吸气。

3. 史密斯机俯身划船。

（1）目标肌肉：背阔肌。

（2）训练目的：锻炼背阔肌的力量与耐力。

（3）使用器械：史密斯机。

（4）设计原理：背阔肌近固定向心收缩有使肩关节伸的功能，此动作阻力方向向下，对抗阻力方向向上，在与阻力方向相反的过程中，上臂在肩关节处做了一个伸的动作，动作与功能相一致，所以此动作可以锻炼到背阔肌。

图2-2-4　史密斯机俯身划船

（5）身体位置：调整合适重量的杠铃，两脚左右开立与肩同宽，脚尖稍外展，膝关节微屈朝脚尖方向，背部挺直，下颌微收，俯身与水平面呈40°，两手正握、闭握杠，握距比肩略宽，直臂提杠铃于膝关节略下的位置，肘关节自然伸直或微屈，腕关节保持中立位。

（6）身体姿态与稳定：收腹、挺胸、下颌微收、背部挺直。

（7）动作方向与幅度：向上至杠铃贴近腹部，使背阔肌充分收缩，向下至肘关节自然伸直或微屈，使背阔肌持续受力。

（8）安全要求：向上时由下垂直向上拉起杠铃，向下时肘关节不要过伸。整个动作过程中，躯干保持稳定，上下摆动幅度不要过大，头不要前伸后仰，不要弓背，腕关节保持中立位。

（9）动作时间：向上2~4秒，向下2~4秒。

（10）呼吸方式：向上向心收缩呼气，向下离心还原时吸气。

4. 杠铃俯身划船。★

（1）目标肌肉：背阔肌。

（2）训练目的：锻炼背阔肌的力量与耐力。

（3）使用器械：杠铃。

（4）设计原理：背阔肌近固定向心收缩有使肩关节伸的功能，此动作阻力方向向下，对抗阻力方向向上，在与阻力方向相反的过程中，上臂在肩关节处做了一个伸的动作，动作与功能相一致，所以此动作可以锻炼到背阔肌。

图2-2-5 杠铃俯身划船

（5）身体位置：调整合适重量的杠铃，两脚左右开立与肩同宽，脚尖稍外展，膝关节微屈朝脚尖方向，背部挺直，下颌微收，俯身与水平面呈40°，两手正握、闭握杠，握距比肩略宽，直臂提杠铃于膝关节稍下的位置，肘关节自然伸直或微屈，腕关节保持中立位。

（6）身体姿态与稳定：收腹、挺胸、下颌微收、背部挺直。

（7）动作方向与幅度：向上至杠铃贴近腹部，使背阔肌充分收缩，向下至肘关节自然伸直或微屈，使背阔肌持续受力。

（8）安全要求：向上时由下垂直向上拉起杠铃，向下时肘关节不要过伸。整个动作过程中，躯干保持稳定，上下摆动幅度不要过大，头不要前伸后仰，不要弓背，腕关节保持中立位。

（9）动作时间：向上2~4秒，向下2~4秒。

（10）呼吸方式：向上向心收缩呼气，向下离心还原时吸气。

5. 单臂哑铃俯身划船。★

（1）目标肌肉：背阔肌。

（2）训练目的：锻炼背阔肌的力量与耐力。

（3）使用器械：哑铃。

（4）动作名称：设计原理：背阔肌近固定向心收缩有使上臂在肩关节伸的功能，此动作阻力方向向下，对抗阻力方向向上，在与阻力方向相反的过程中，上臂在肩关节处做了一个伸的动作，动作与功能相一致，因此可以锻炼到背阔肌。

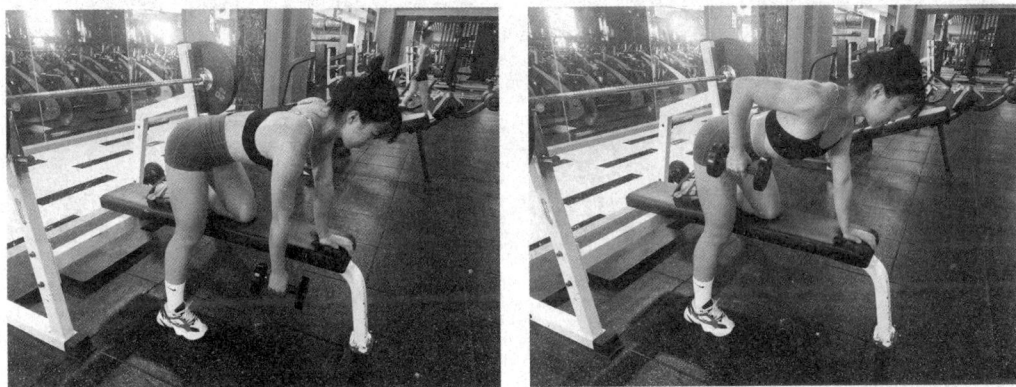

图2-2-6　单臂哑铃俯身划船

（5）身体位置：选择合适重量的哑铃，俯身于训练凳上，一侧腿跪在训练凳上，另一侧腿直膝支撑于地面，跪姿腿的同侧手直臂撑于训练凳上，另一侧手直臂向下对握、闭握哑铃，躯干与地面平行。

（6）身体姿态与稳定：收腹、挺胸、下颌微收、背部挺直。

（7）运动方向与幅度：向上至哑铃靠近侧腹部，使背阔肌充分收缩，向下至肘关节自然伸直或微屈，使背阔肌持续受力。

（8）安全要求：向上哑铃不要高于腹部太多，肩胛骨保持稳定，向下肘关节不要过伸。整个动作过程中，躯干保持稳定，不要弓背，躯干上下摆动幅度不要过大，腕关节始终保持中立位。

（9）动作时间：向上2～4秒，向下2～4秒。

（10）呼吸方式：向上向心收缩呼气，向下离心还原时吸气。

6.引体向上。★

（1）目标肌肉：背阔肌。

（2）训练目的：锻炼背阔肌的力量与耐力。

（3）使用器械：自身重量。

（4）动作设计原理：背阔肌近固定向心收缩有使上臂在肩关节处内收的功能，此动作阻力方向向下，对抗阻力方向向上，在与阻力方向相反的过程中，上臂在肩关节处做了一个内收的动作，动作与功能相一致，所以此动作可以锻炼到背阔肌。

图2-2-7　引体向上

（5）身体位置：两手正握、闭握单杠，握距比肩宽悬垂于单杠下，肘关节自然伸直或微屈，腕关节保持中立位，两脚并拢稳定身体，骨盆保持中立位，背部挺直，下颌微收，从侧面看，耳、肩、髋在同一条直线上。

（6）身体姿态与稳定：收腹、挺胸、下颌微收、背部挺直。

（7）运动方向与幅度：向上至下颌略高于单杠，使背阔肌充分收缩，向下至肘关节自然伸直或微屈，使背阔肌持续受力。

（8）安全要求：向上下颌不能低于单杠，向下肘关节不要过伸。整个动作过程中，躯干保持稳定，前后不要摆动，不可借力。

（9）动作时间：向上2～4秒，向下2～4秒。

（10）呼吸方式：向上向心收缩时呼气，向下离心还原时吸气。

7.钢线单臂俯身划船。★★

（1）目标肌肉：背阔肌。

（2）训练目的：锻炼背阔肌的力量与耐力。

（3）使用器械：钢线拉力器。

（4）动作设计原理：背阔肌近固定向心收缩有使上臂在肩关节伸的功能，此动作阻力方向向前下，对抗阻力方向向后上，在与阻力方向相反的过程中，上臂在肩关节做了一个伸的动作，动作与功能相一致，所以此动作可以锻炼到背阔肌。

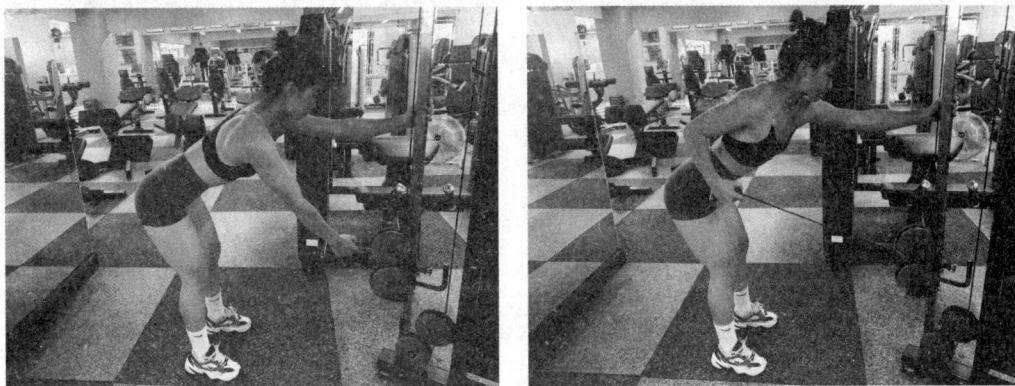

图2-2-8 钢线单臂俯身划船

（5）身体位置：调整合适的配重片重量，将器械滑轮调到最低处，面对拉力器站立，两脚左右开立与肩同宽，脚尖稍外展，膝关节自然弯曲朝脚尖方向，俯身与地面呈40°，背部挺直，下颌微收，一手扶住器械竖杠，另一手对握、闭握器械把手，肘关节自然伸直或微屈，腕关节保持中立位。

（6）身体姿态与稳定：收腹、挺胸、下颌微收、背部挺直。

（7）运动方向与幅度：向后上至器械把手接近侧腹部，使背阔肌充分收缩，向前下至肘关节自然伸直或微屈，配重片不相碰，使背阔肌持续受力。

（8）安全要求：向后上时不要耸肩，向前下时肘关节不要过伸，配重片不相碰。整个动作过程中，躯干保持稳定，不前后晃动，不弯腰弓背，腕关节始终保持中立位。

（9）动作时间：向前下2~4秒，向后上2~4秒。

（10）呼吸方式：向后上向心收缩时呼气，向前下离心还原时吸气。

8.高位钢线拉力器直臂下压。★★

（1）目标肌肉：背阔肌。

（2）训练目的：锻炼背阔肌的力量与耐力。

（3）使用器械：钢线拉力器。

（4）动作设计原理：背阔肌近固定向心收缩有使上臂在肩关节伸的功能，此动作阻力方向向上，对抗阻力方向向下，在与阻力方向相反的过程中，上臂在肩关节做了一个伸的动作，动作与功能相一致，所以此动作可以锻炼到背阔肌。

图2-2-9 高位钢线拉力器直臂下压

（5）身体位置：调整合适的配重片重量，面对拉力器直立站立，两脚左右开立与肩同宽，脚尖稍外展，膝关节自然弯曲朝脚尖方向，骨盆保持中立位，背部挺直，下颌微收，两手采用窄握距，正握、闭握器械把手，肘关节自然伸直或微屈，腕关节保持中立位。

（6）身体姿态与稳定：收腹、挺胸、下颌微收、背部挺直。

（7）运动方向与幅度：向下至器械把手接近大腿，使背阔肌充分收缩，向上至肘关节与肩同高或略高于肩，配重片不相碰，使背阔肌持续受力。

（8）安全要求：向上时不要耸肩，配重片不相碰，向下时肘关节不要过伸。整个动作过程中，躯干保持稳定，不前后晃动，不要弓背，腕关节始终保持中立位。

（9）动作时间：向上2~4秒，向下2~4秒。

（10）呼吸方式：向下向心收缩呼气，向上离心还原时吸气。

9.弹力带坐姿划船。★★

（1）目标肌肉：背阔肌。

（2）训练目的：锻炼背阔肌的力量与耐力。

（3）使用器械：弹力带。

（4）动作设计原理：背阔肌近固定向心收缩有使上臂在肩关节伸的功能，此动作阻力方向向前，对抗阻力方向向后，在与阻力方向相反的过程中，上臂在肩关节做了一个伸的动作，动作与功能相一致，因此此动作可以锻炼到背阔肌。

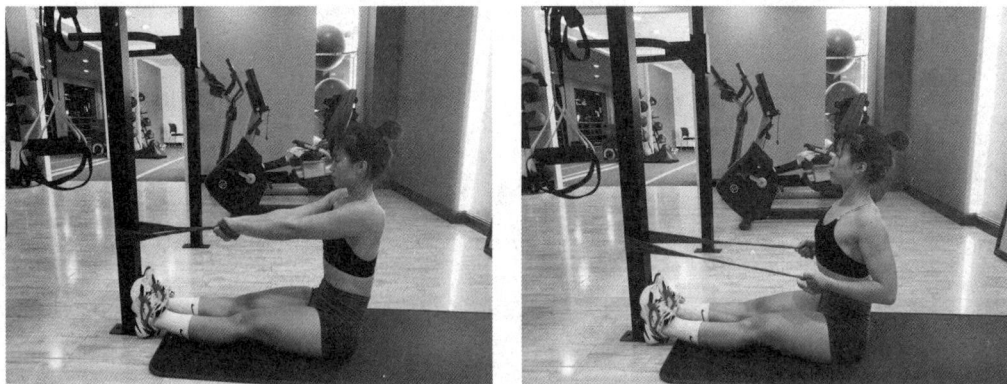

图2-2-10 弹力带坐姿划船

（5）身体位置：坐在垫上，两脚并拢抵住器械，踝关节保持中立位，膝关节自然伸直或微屈，骨盆保持中立位，背部挺直，下颌微收，选择合适张力的弹力带置于脚下，两手对握、闭握弹力带，肘关节自然伸直或微屈，腕关节保持中立位。

（6）身体姿态与稳定：收腹、挺胸、下颌微收、背部挺直。

（7）运动方向与幅度：向后至弹力带贴近腹部，使背阔肌充分收缩，向前至肘关节自然伸直或微屈，弹力带张力不消失，使背阔肌持续受力。

（8）安全要求：向前时肘关节不要过伸，弹力带张力不消失，向后时肩关节不要过分外展。整个动作过程中，始终保持身体稳定，不要弓背，身体前后不要大幅度摆动，膝关节不要过伸。

（9）动作时间：向前2～4秒，向后2～4秒。

（10）呼吸方式：向后向心收缩呼气，向前离心还原时吸气。

10.弹力带俯身划船。★★

（1）目标肌肉：背阔肌。

（2）训练目的：锻炼背阔肌的力量与耐力。

（3）使用器械：弹力带。

（4）动作设计原理：背阔肌近固定向心收缩有使上臂在肩关节伸的功能，此动作阻力方向向下，对抗阻力方向向上，在与阻力方向相反的过程中，上臂在肩关节做了一个伸的动作，动作与功能相一致，因此此动作可以锻炼到背阔肌。

图2-2-11 弹力带俯身划船

（5）身体位置：选择合适张力的弹力带踩于脚下，两脚左右开立与肩同宽，脚尖稍外展，膝关节自然伸直或微屈朝脚尖方向，上体向前俯身与地面呈40°，背部挺直，下颌微收，两手对握、闭握弹力带，肘关节自然伸直或微屈，腕关节保持中立位。

（6）身体姿态与稳定：收腹、挺胸、下颌微收、背部挺直。

（7）运动方向与幅度：向上至肘关节与肩关节同高或略低于肩关节，使背阔肌充分收缩，向下至肘关节自然伸直或微屈，弹力带张力不消失，使背阔肌持续受力。

（8）安全要求：向下时肘关节不要过伸，弹力带张力不消失，向上时肘关节不高于肩关节。整个动作过程中，始终保持身体稳定，不要弓背，身体不要大幅度摆动，膝关节不要过伸。

（9）动作时间：向下2～4秒，向上2～4秒。

（10）呼吸方式：向上向心收缩呼气，向下离心还原时吸气。

11. 两手悬吊后仰划船。★★

（1）目标肌肉：背阔肌。

（2）训练目的：锻炼背阔肌的力量与耐力。

（3）使用器械：悬吊系统。

（4）动作设计原理：背阔肌近固定向心收缩时有使上臂在肩关节伸的功能，此动作阻力方向向下，对抗阻力方向向上，在与阻力方向相反的过程中，上臂在肩关节处做了一个伸的动作，动作与功能相一致，所以此动作可以锻炼到背阔肌。

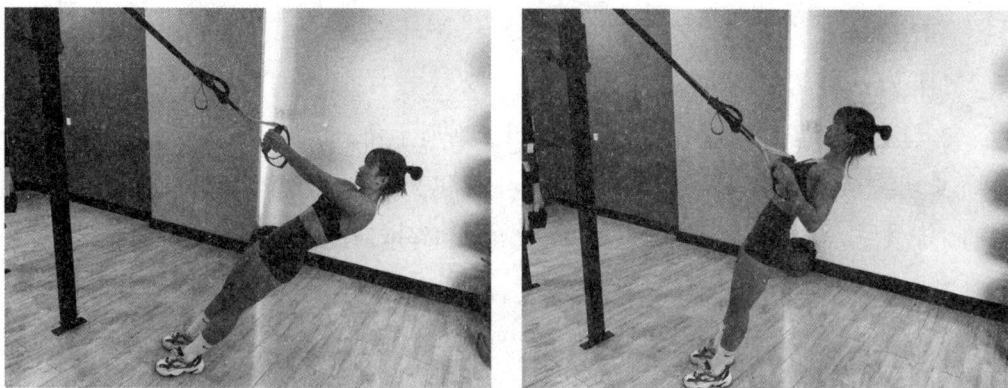

图2-2-12 两手悬吊后仰划船

（5）身体位置：调整合适悬吊系统长度，两手对握、闭握悬吊系统手柄，肘关节自然伸直或微屈，两脚左右开立与肩同宽，脚尖稍外展踩实地面，膝关节自然伸直，骨盆保持中立位，背部挺直，下颌微收，呈平板状，身体后仰至于地面呈45°左右，从侧面看，耳、肩、髋在同一条直线上。

（6）身体姿态与稳定：收腹、挺胸、下颌微收、腰部保持正常的生理曲度。

（7）运动方向与幅度：向上至悬挂系统把手贴近腹部，使背阔肌充分收缩，向下至肘关节自然伸直或微屈，使背阔肌持续受力。

（8）安全要求：向上时肘关节贴近身体，不要外展过多，向下时肘关节不要过伸。整个动作过程中，身体始终保持平板状，不弯腰弓背。

（9）动作时间：向上2~4秒，向下2~4秒。

（10）呼吸方式：向上向心收缩呼气，向下离心还原时吸气。

二、斜方肌、肩胛提肌、菱形肌抗阻训练技能

（一）斜方肌的位置、起止点与功能

1. 位置：项部及背上部皮下，一侧为三角形，两侧相合为斜方形。

2. 起止点：起自上项线、枕外隆凸、项韧带、第七颈椎棘突、全部胸椎棘突及棘上韧带，止于锁骨外侧1/3、尖峰和肩胛冈。

3. 功能：近固定时，上部肌纤维向心收缩，使肩胛骨上提、上回旋和后缩；中部肌纤维向心收缩，使肩胛骨后缩；下部肌纤维向心收缩，使肩胛骨下降、上回旋和后缩。远固定时，一侧肌纤维向心收缩，使头向同侧屈和对侧旋转；两侧向心收缩，使脊柱伸。

图2-2-13 斜方肌

（二）肩胛提肌的位置、起止点与功能

1. 位置：斜方肌上部深层。

2. 起止点：起自第1~4颈椎横突，止于肩胛骨上角。

3. 功能：近固定向心收缩，使肩胛骨上提和下回旋。远固定向心收缩，一侧收缩，使脊柱颈段向同侧屈和轻度回旋；两侧收缩，使脊柱颈段伸。

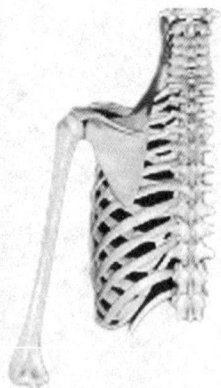

（三）菱形肌的位置、起止点与功能

1. 位置：斜方肌深层。

2. 起止点：起自第6、7颈椎和第1~4胸椎棘突。

3. 功能：近固定向心收缩，使肩胛骨上提、后缩和下回旋。远固定向心收缩，两侧收缩，时脊柱伸。

（四）斜方肌上部/肩胛提肌/菱形肌抗阻训练方法

1. 史密斯机耸肩。

（1）目标肌肉：斜方肌上部/肩胛提肌/菱形肌。

（2）训练目的：锻炼斜方肌上部/肩胛提肌/菱形肌的力量和耐力。

（3）使用器械：史密斯机。

（4）动作设计原理：斜方肌上部/肩胛提肌/菱形肌近固定向心收缩有使肩胛骨上提的功能，此动作阻力方向向下，对抗阻力方向向上，在与阻力方向相反的过程中，肩胛骨做了一个上提的动作，动作与功能相一致，所以此动作可以锻炼到斜方肌上部/肩胛提肌/菱形肌。

图2-2-14　肩胛提肌

图2-2-15　菱形肌

图2-2-16　史密斯机耸肩

（5）身体位置：调整合适的配重片重量，两脚左右开立与肩同宽，脚尖稍外展，膝关节自然伸直朝脚尖方向，骨盆保持中立位，背部挺直，下颌微收，两手正握、闭握杠，握距比肩略宽，直臂提杠铃于体前，肘关节自然伸直或微屈，腕关节保持中立位。

（6）身体姿态与稳定：收腹、挺胸、下颌微收、背部挺直。

（7）动作方向与幅度：向上至肩胛骨充分向头部靠拢，使斜方肌上部/肩胛提肌/菱形肌充分收缩，向下至肩胛骨回到起始位置，使斜方肌上部/肩胛提肌/菱形肌持续受力。

（8）安全要求：向上时不要过分耸肩，向下时肩部不要完全放松。整个动作过程中，不要含胸弓背，躯干前后摆动幅度不要过大，膝、肘关节不要过伸。

（9）动作时间：向上2～4秒，向下2～4秒。

（10）呼吸方式：向上向心收缩呼气，向下离心还原时吸气。

2. 杠铃耸肩。★

（1）目标肌肉：斜方肌上部/肩胛提肌/菱形肌。

（2）训练目的：锻炼斜方肌上部/肩胛提肌/菱形肌的力量与耐力。

（3）使用器械：杠铃。

（4）动作设计原理：斜方肌上部/肩胛提肌/菱形肌近固定向心收缩有使肩胛骨上提的功能，此动作阻力方向向下，对抗阻力方向向上，在与阻力方向相反的过程中，肩胛骨做了一个上提的动作，动作与功能相一致，所以此动作可以锻炼到斜方肌上部/肩胛提肌/菱形肌。

图2-2-17 杠铃耸肩

（5）身体位置：两脚左右自然开立，脚尖稍外展，膝关节自然伸直或微屈朝脚尖方向，骨盆保持中立位，背部挺直，下颌微收，两手正握、闭握杠，握距同肩宽或比肩略宽，肘关节自然伸直或微屈，腕关节保持中立位。

（6）身体姿态与稳定：收腹、挺胸、下颌微收、背部挺直。

（7）动作方向与幅度：向上至肩胛骨充分向头部靠拢，使斜方肌上部/肩胛提肌/菱形肌充分收缩，向下至肩胛骨回到起始位置，使斜方肌上部/肩胛提肌/菱形肌持续受力。

（8）安全要求：向上时不要过分耸肩，向下时肩部不要完全放松。整个动作过程中，不要含胸弓背，躯干前后摆动幅度不要过大，膝、肘关节不过伸。

（9）动作时间：向上2～4秒，向下2～4秒。

（10）呼吸方式：向上向心收缩呼气，向下离心还原时吸气。

3. 哑铃耸肩。

（1）目标肌肉：斜方肌上部/肩胛提肌/菱形肌。

（2）训练目的：锻炼斜方肌上部/肩胛提肌/菱形肌的力量与耐力。

（3）使用器械：哑铃。

（4）动作设计原理：斜方肌上部/肩胛提肌/菱形肌近固定向心收缩有使肩胛骨上提的功能，此动作阻力方向向下，对抗阻力方向向上，在与阻力方向相反的过程中，肩胛骨做了一个上提的动作，动作与功能相一致，所以此动作可以锻炼到斜方肌上部/肩胛提肌/菱形肌。

图2-2-18 哑铃耸肩

（5）身体位置：两脚左右开立与肩同宽，脚尖稍外展，膝关节自然伸直朝脚尖方向，骨盆保持中立位，背部挺直，下颌微收，两手对握、闭握哑铃置于身体两侧，肘关节自然伸直或微屈，腕关节保持中立位。

（6）身体姿态与稳定：收腹、挺胸、下颌微收、背部挺直。

（7）动作方向与幅度：向上至肩胛骨充分向头部靠拢，使斜方肌上部/肩胛提肌/菱形肌充分收缩，向下至肩胛骨回到起始位置，使斜方肌上部/肩胛提肌/菱形肌持续受力。

（8）安全要求：向上时不要过分耸肩，向下时肩部不要完全放松。整个动作过程中，不要含胸弓背，躯干前后摆动幅度不要过大，膝、肘关节不过伸。

（9）动作时间：向上2～4秒，向下2～4秒。

（10）呼吸方式：向上向心收缩呼气，向下离心还原时吸气。

4. 低位钢线拉力器站姿耸肩。

（1）目标肌肉：斜方肌上部/肩胛提肌/菱形肌。

（2）训练目的：锻炼斜方肌上部/肩胛提肌/菱形肌的力量与耐力。

（3）使用器械：钢线拉力器。

（4）动作设计原理：斜方肌上部/肩胛提肌/菱形肌近固定向心收缩有使肩胛骨上提的功能，此动作阻力方向向下，对抗阻力方向向上，在与阻力方向相反的过程中，肩胛骨做了一个上提的动作，动作与功能相一致，因此此动作可以锻炼到斜方肌上部/肩胛提肌/菱形肌。

图2-2-19 低位钢线拉力器站姿耸肩

（5）身体位置：调整合适的配重片重量，将钢线滑轮调到最低位，两脚左右开立与肩同宽，脚尖稍外展，膝关节自然伸直或微屈朝脚尖方向，骨盆保持中立位，背部挺直，下颌微收，两手正握、闭握器械把手置于身体前侧，肘关节自然伸直或微屈，腕关节保持中立位。

（6）身体姿态与稳定：收腹、挺胸、下颌微收、背部挺直。

（7）动作方向与幅度：向上至肩胛骨充分向头部靠拢，使斜方肌上部/肩胛提肌/

菱形肌充分收缩，向下至肩胛骨回到起始位置，使斜方肌上部/肩胛提肌/菱形肌持续受力。

（8）安全要求：向上时不要过分耸肩，向下时肩部不要完全放松，配重片不相碰。整个动作过程中，不要含胸弓背，躯干前后摆动幅度不要过大，膝、肘关节不过伸。

（9）动作时间：向上2~4秒，向下2~4秒。

（10）呼吸方式：向上向心收缩呼气，向下离心还原时吸气。

5. 弹力带耸肩。★★

（1）目标肌肉：斜方肌上部/肩胛提肌/菱形肌。

（2）训练目的：锻炼斜方肌上部/肩胛提肌/菱形肌的力量与耐力。

（3）使用器械：弹力带。

（4）动作设计原理：斜方肌上部/肩胛提肌/菱形肌近固定向心收缩有使肩胛骨上提的功能，此动作阻力方向向下，对抗阻力方向向上，在与阻力方向相反的过程中，肩胛骨做了一个上提的动作，动作与功能相一致，因此此动作可以锻炼到斜方肌上部/肩胛提肌/菱形肌。

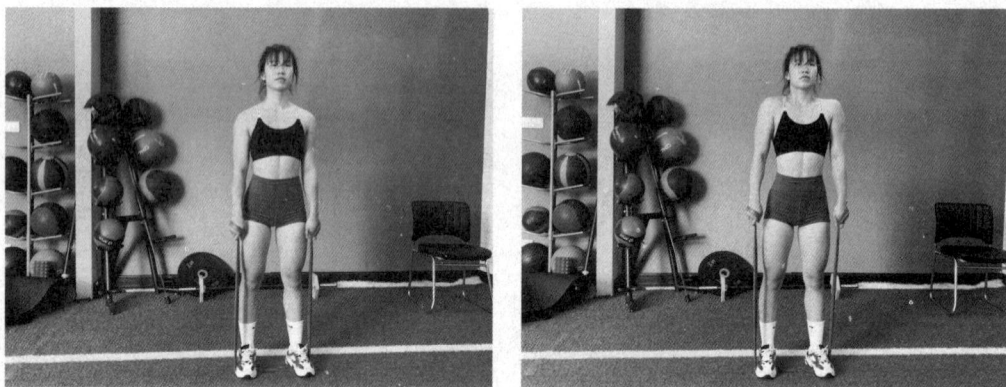

图2-2-20 弹力带耸肩

（5）身体位置：选择合适张力的弹力带踩于脚下，两脚左右开立与肩同宽，脚尖稍外展，膝关节自然伸直或微屈朝脚尖方向，骨盆保持中立位，背部挺直，下颌微收，两手对握、闭握弹力带置于身体两侧，肘关节自然伸直或微屈，腕关节保持中立位。

（6）身体姿态与稳定：收腹、挺胸、下颌微收、背部挺直。

（7）动作方向与幅度：向上至肩胛骨充分向头部靠拢，使斜方肌上部/肩胛提肌/菱形肌充分收缩，向下至肩胛骨回到起始位置，使斜方肌上部/肩胛提肌/菱形肌持续受力。

（8）安全要求：向上时不要过分耸肩，向下时肩部不要完全放松，弹力带张力不消失。整个动作过程中，不要含胸弓背，躯干前后摆动幅度不要过大，膝、肘关节不过伸。

（9）动作时间：向上2～4秒，向下2～4秒。

（10）呼吸方式：向上向心收缩呼气，向下离心还原时吸气。

（五）斜方肌中下部/菱形肌抗阻训练方法

1.器械坐姿肩胛后缩。

（1）目标肌肉：斜方肌中下部/菱形肌。

（2）训练目的：锻炼斜方肌中下部/菱形肌的力量与耐力。

（3）使用器械：坐姿划船器。

（4）动作设计原理：斜方肌中下部/菱形肌近固定向心收缩有使肩胛骨后缩的功能，此动作阻力方向向前，对抗阻力方向向后，在与阻力方向相反的过程中，肩胛骨做了一个后缩的动作，动作与功能相一致，所以此动作可以锻炼到斜方肌中下部/菱形肌。

图2-2-21 器械坐姿肩胛后缩

（5）身体位置：调整合适的配重片重量，坐在器械板凳上，两脚左右开立踩实器械踏板，膝关节自然弯曲，骨盆保持中立位，背部挺直，下颌微收，两手对握、闭握器械把手，肘关节自然伸直或微屈，腕关节保持中立位。

（6）身体姿态与稳定：收腹、挺胸、下颌微收、背部挺直。

（7）运动方向与幅度：向后至两侧肩胛骨充分向脊柱靠拢，使斜方肌中下部/菱形肌充分收缩，向前至肩胛骨回到起始位置，使斜方肌中下部/菱形肌持续受力。

（8）安全要求：向后时肘关节不要弯曲发力，向前时肩胛骨不要过度前伸，配重片不相碰。整个动作过程中，躯干保持稳定，身体不要前后晃动，不要弓背，头不要前伸后仰，肘关节不要过伸。

（9）动作时间：向前2~4秒，向后2~4秒。

（10）呼吸方式：向后向心收缩呼气，向前离心还原时吸气。

2.器械站姿肩胛后缩。

（1）目标肌肉：斜方肌中下部/菱形肌。

（2）训练目的：锻炼斜方肌中下部/菱形肌的力量与耐力。

（3）使用器械：站姿划船器。

（4）动作设计原理：斜方肌中下部/菱形肌近固定向心收缩有使肩胛骨后缩的功能，此动作阻力方向向前，对抗阻力方向向后，在与阻力方向相反的过程中，肩胛骨做了一个后缩的动作，动作与功能相一致，所以此动作可以锻炼到斜方肌中下部/菱形肌。

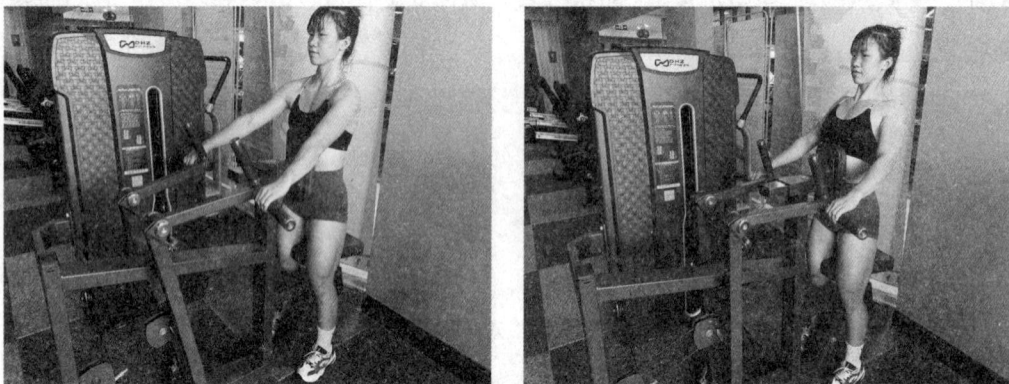

图2-2-22　器械站姿肩胛后缩

（5）身体位置：调整合适的配重片重量，两脚踩于踏板上，膝关节自然伸直，骨盆保持中立位，背部挺直，胸部贴近靠垫，下颌微收，两手正握或对握闭握器械把手，肘关节自然伸直，腕关节保持中立位。

（6）身体姿态与稳定：收腹、挺胸、下颌微收、背部挺直。

（7）运动方向与幅度：向后两侧肩胛骨充分向脊柱靠拢，使斜方肌中下部/菱形肌充分收缩，向前还原至起始位置，使斜方肌中下部/菱形肌持续受力。

（8）安全要求：向后时肘关节不要弯曲发力，向前时肩胛骨不要过度前伸，配重片不相碰，整个动作过程中，躯干保持稳定，身体不要前后晃动，不要弓背，头不要前伸后仰，肘关节不要过伸。

（9）动作时间：向前2~4秒，向后2~4秒。

（10）呼吸方式：向后向心收缩呼气，向前离心还原时吸气。

3. 杠铃俯身肩胛后缩。

（1）目标肌肉：斜方肌中下部/菱形肌。

（2）训练目的：锻炼斜方肌中下部/菱形肌的力量和耐力。

（3）使用器械：杠铃。

（4）动作设计原理：斜方肌中下部/菱形肌近固定向心收缩有使肩胛骨后缩的功能，此动作阻力方向向下，对抗阻力方向向上，在与阻力方向相反的过程中，肩胛骨做了一个后缩的动作，动作与功能相一致，所以此动作可以锻炼到斜方肌中下部/菱形肌。

图2-2-23　杠铃俯身肩胛后缩

（5）身体位置：调整合适重量的杠铃，两脚左右开立，与肩同宽，膝关节自然伸直或微屈，背部挺直，下颌微收，俯身与水平面呈40°，两手正握、闭握杠，握距比肩略宽，直臂提杠铃于膝关节略下的位置，肘关节自然伸直或微屈，腕关节保持中立位。

（6）身体姿态与稳定：收腹、挺胸、下颌微收。

（7）运动方向与幅度：向上两侧肩胛骨充分向脊柱靠拢，使斜方肌中下部/菱形肌充分收缩，向下还原至起始位置，使斜方肌中下部/菱形肌持续受力。

（8）安全要求：向上时肘关节不要弯曲发力，向下时肩胛骨不要过度前伸，配重片不相碰。整个动作过程中，躯干保持稳定，身体不要上下晃动，不要弓背，头不要前伸后仰，肘关节不要过伸。

（9）动作时间：向上2~4秒，向下2~4秒。

（10）呼吸方式：向下向心收缩呼气，向上离心还原时吸气。

4. 哑铃俯身肩胛后缩。

（1）目标肌肉：斜方肌中下部/菱形肌。

（2）训练目的：锻炼斜方肌中下部/菱形肌的力量和耐力。

（3）使用器械：哑铃。

（4）动作设计原理：斜方肌中下部/菱形肌近固定向心收缩有使肩胛骨后缩的功能，此动作阻力方向向下，对抗阻力方向向上，在与阻力方向相反的过程中，肩胛骨做了一个后缩的动作，动作与功能相一致，所以此动作可以锻炼到斜方肌中下部/菱形肌。

图2-2-24 哑铃俯身肩胛后缩

（5）身体位置：调整合适重量的哑铃，两脚左右开立，与肩同宽，膝关节自然伸直或微屈，背部挺直，下颌微收，俯身与水平面呈40°，两手正握、闭握哑铃，置于膝关节略下的位置，肘关节自然伸直或微屈，腕关节保持中立位。

（6）身体姿态与稳定：收腹、挺胸、下颌微收。

（7）运动方向与幅度：向上两侧肩胛骨充分向脊柱靠拢，使斜方肌中下部/菱形肌充分收缩，向下还原至起始位置，使斜方肌中下部/菱形肌持续受力。

（8）安全要求：向上时肘关节不要弯曲发力，向下时肩胛骨不要过度前伸。整个动作过程中，躯干保持稳定，身体不要上下晃动，不要弓背，头不要前伸后仰，肘关节不要过伸。

（9）动作时间：向上2~4秒，向下2~4秒。

（10）呼吸方式：向下向心收缩呼气，向上离心还原时吸气。

5. 钢线直立直臂划船。

（1）目标肌肉：斜方肌中下部/菱形肌。

（2）训练目的：锻炼斜方肌中下部/菱形肌的力量与耐力。

（3）使用器械：钢线拉力器。

（4）动作设计原理：斜方肌中下部/菱形肌近固定向心收缩有使肩胛骨后缩的功能，此动作阻力方向向前，对抗阻力方向向后，在与阻力方向相反的过程中，肩胛骨做了一个后缩的动作，动作与功能相一致，所以此动作可以锻炼到斜方肌中下部/菱形肌。

图2-2-25 钢线直立直臂划船

（5）身体位置：调整合适的配重片重量，两脚左右开立与肩同宽面对拉力器直立站立，骨盆保持中立位，背部挺直，下颌微收，两手采用窄握距，正握、闭握器械把手，肘关节自然伸直或微屈，腕关节保持中立位。

（6）身体姿态与稳定：收腹、挺胸、下颌微收、背部挺直。

（7）运动方向与幅度：向后两侧肩胛骨充分向脊柱靠拢，使斜方肌中下部/菱形肌充分收缩，向前还原至起始位置，使斜方肌中下部/菱形肌持续受力。

（8）安全要求：向后时不要耸肩，向前时肘关节不要过伸，弹力带张力不消失。整个动作过程中，躯干保持稳定，不前后晃动，不弯腰弓背，腕关节始终保持中立位。

（9）动作时间：向后2~4秒，向前2~4秒。

（10）呼吸方式：向后向心收缩呼气，向前离心还原时吸气。

6. 弹力带俯身直臂划船。

（1）目标肌肉：斜方肌中下部/菱形肌。

（2）训练目的：锻炼斜方肌中下部/菱形肌的力量与耐力。

（3）使用器械：弹力带。

（4）动作设计原理：斜方肌中下部/菱形肌向心收缩近固定时肩胛骨后缩的功能，此动作阻力方向向上，对抗阻力方向向下，在与阻力方向相反的过程中，肩胛骨做了一个后缩的动作，动作与功能相一致，所以此动作可以锻炼斜方肌中下部/菱形肌。

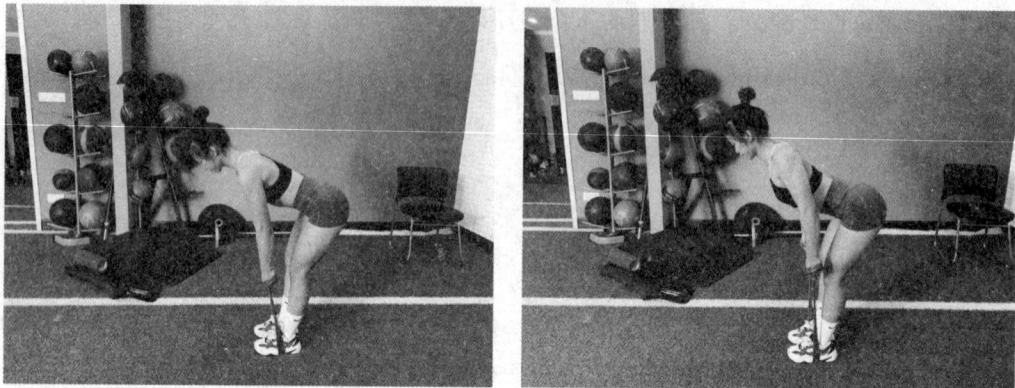

图2-2-26　弹力带俯身直臂划船

（5）身体位置：选择合适张力的弹力带踩于脚下，两脚左右开立与肩同宽，脚尖朝稍外展，膝关节自然弯曲朝脚尖方向，俯身与地面平行，背部挺直，下颌微收，两臂伸直与地面垂直，两手正握、闭握弹力带，肘关节自然伸直或微屈，腕关节保持中立位。

（6）身体姿态与稳定：收腹、挺胸、下颌微收、背部挺直。

（7）运动方向与幅度：向上两侧肩胛骨充分向脊柱靠拢，使斜方肌中下部/菱形肌充分收缩，向下还原至起始位置，使斜方肌中下部/菱形肌持续受力。

（8）安全要求：向上时肘关节不要弯曲发力，向下时肩胛骨不要过度前伸，弹力带张力不消失。整个动作过程中，躯干保持稳定，身体不要上下晃动，不要弓背，头不要前伸后仰，肘关节不要过伸。

（9）动作时间：向上2～4秒，向下2～4秒。

（10）呼吸方式：向下向心收缩呼气，向上离心还原时吸气。

7.弹力带坐姿直臂划船。

（1）目标肌肉：背阔肌。

（2）训练目的：锻炼斜方肌中下部/菱形肌的力量与耐力。

（3）使用器械：弹力带。

（4）动作设计原理：斜方肌中下部/菱形肌向心收缩近固定时肩胛骨后缩的功能，此动作阻力方向向上，对抗阻力方向向下，在与阻力方向相反的过程中，肩胛骨做了一个后缩的动作，动作与功能相一致，所以此动作可以锻炼斜方肌中下部/菱形肌。

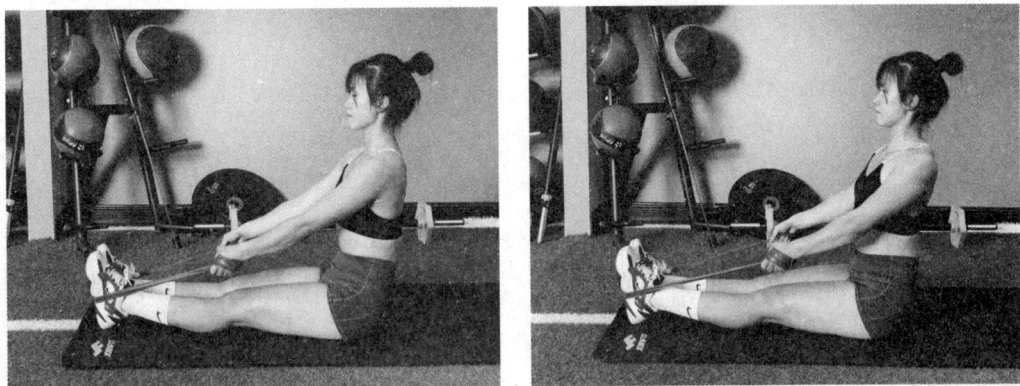

图2-2-27 弹力带坐姿直臂划船

（5）身体位置：选择合适张力的弹力置于脚下，坐在垫上，两脚并拢，膝关节自然伸直，骨盆保持中立位，躯干与地面垂直，背部挺直，下颌微收，两手对握、闭握弹力带，肘关节自然伸直或微屈，腕关节保持中立位。

（6）身体姿态与稳定：收腹、挺胸、下颌微收、背部挺直。

（7）运动方向与幅度：向后两侧肩胛骨充分向脊柱靠拢，使斜方肌中下部/菱形肌充分收缩，向前还原至起始位置，使斜方肌中下部/菱形肌持续受力。

（8）安全要求：向后时不要耸肩，向前时肘关节不要过伸，弹力带张力不消失，整个动作过程中，躯干保持稳定，不前后晃动，不弯腰弓背，腕关节始终保持中立位。

（9）动作时间：向后2~4秒，向前2~4秒。

（10）呼吸方式：向后向心收缩呼气，向前离心还原时吸气。

三、竖脊肌抗阻训练技能

（一）竖脊肌的位置、起止点与功能

1. 位置：脊柱两侧，有棘肌、最长肌和髂肋肌3部分组成。

2. 起止点：起自骶骨背面、髂嵴后部、腰椎棘突和胸腰筋膜，止于颈、胸椎的棘突和横突、颞骨乳突和肋角。

3. 功能：下固定时，一侧向心收缩收缩使脊柱向同侧屈；两侧向心收缩使头和脊柱伸。上固定时，向心收缩使骨盆前倾。

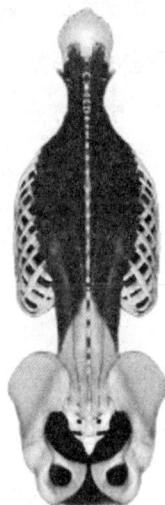

图2-2-28 竖脊肌

（二）竖脊肌抗阻训练方法

1. 杠铃屈腿硬拉。★

（1）目标肌肉：竖脊肌。

（2）训练目的：锻炼竖脊肌的力量与耐力。

（3）使用器械：杠铃。

（4）动作设计原理：竖脊肌等长收缩有使保持脊柱自然生理弯曲，维持躯干稳定的功能，此动作阻力方向向下，对抗阻力方向向上，在与阻力相反的过程中，做了一个保持脊柱自然生理弯曲，维持躯干稳定的动作，动作与功能相一致，所以此动作可以锻炼到竖脊肌。

图2-2-29 杠铃屈腿硬拉

（5）身体位置：选择合适重量的杠铃，双脚左右开立与肩同宽，脚尖稍外展，膝关节自然伸直或微屈朝脚尖方向，骨盆保持中立位，背部挺直，下颌微收，俯身与地面呈40°，两手采用中握距，正握、闭握杠铃置于膝关节以下，肘关节自然伸直或微屈，腕关节保持中立位。

（6）身体姿态与稳定：收腹、挺胸、背部挺直、下颌微收。

（7）运动方向与幅度：向下至躯干与地面呈40°，杠铃置于膝关节稍往下位置，使竖脊肌充分受力，向上至身体自然直立，使竖脊肌持续受力。

（8）安全要求：向上时膝关节不要过伸，向下时膝关节不超过脚尖。整个动作过程中，始终保持背部挺直，不要弓背，肘关节始终保持自然伸直或微屈，不要过伸，腕关节保持中立位。

（9）动作时间：向上2~4秒，向下2~4秒。

（10）呼吸方式：向上时呼气，向下时吸气。

2. 哑铃屈腿硬拉。

（1）目标肌肉：竖脊肌。

（2）训练目的：锻炼竖脊肌的力量与耐力。

（3）使用器械：哑铃。

（4）动作设计原理：竖脊肌等长收缩有使保持脊柱自然生理弯曲，维持躯干稳定的功能，此动作阻力方向向下，对抗阻力方向向上，在与阻力相反的过程中，做了一个保持脊柱自然生理弯曲，维持躯干稳定的动作，动作与功能相一致，所以此动作可以锻炼到竖脊肌。

图2-2-30　哑铃屈腿硬拉

（5）身体位置：选择合适重量的哑铃，双脚左右开立与肩同宽，脚尖稍外展，膝关节自然伸直或微屈朝脚尖方向，背部挺直，下颌微收，俯身与地面呈40°，两手正握、闭握哑铃，置于身体两侧，肘关节自然伸直或微屈，腕关节保持中立位。

（6）身体姿态与稳定：收腹、挺胸、背部挺直、下颌微收。

（7）运动方向与幅度：向下至躯干与地面呈40°，哑铃置于膝关节稍往下位置，使竖脊肌充分受力，向上至身体自然直立，使竖脊肌持续受力。

（8）安全要求：向上时膝关节不要过伸，向下时膝关节不超过脚尖。整个动作过程中，始终保持背部挺直，不要弓背，肘关节始终保持自然伸直或微屈，不要过伸，腕关节保持中立位。

（9）动作时间：向上2~4秒，向下2~4秒。

（10）呼吸方式：向上时呼气，向下时吸气。

3. 罗马椅挺身。

（1）目标肌肉：竖脊肌。

（2）训练目的：锻炼竖脊肌的力量与耐力。

（3）使用器械：罗马椅。

（4）动作设计原理：竖脊肌等长收缩有使保持脊柱自然生理弯曲，维持躯干稳定的功能，此动作阻力方向向下，对抗阻力方向向上，在与阻力相反的过程中，做了一个保持脊柱自然生理弯曲，维持躯干稳定的动作，动作与功能相一致，所以此动作可以锻炼到竖脊肌。

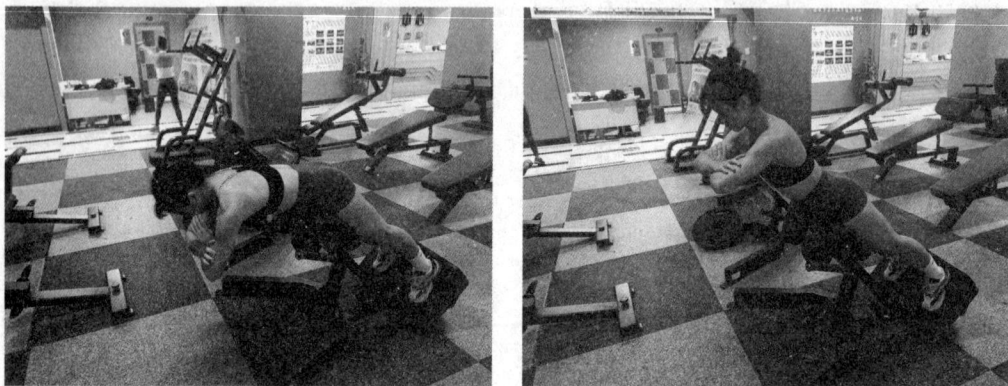

图2-2-31 罗马椅挺身

（5）身体位置：调整合适的罗马椅高度，双脚左右开立踩实器械踏板，脚尖稍外展，膝关节自然伸直或微屈朝脚尖方向，髋关节往下部位抵住器械挡板，背部挺直，下颌微收，两手交叉置于胸前或放在耳朵两侧，肘关节自然弯曲，腕关节保持中立位。

（6）身体姿态与稳定：收腹、挺胸、背部挺直、下颌微收。

（7）运动方向与幅度：向下至躯干与地面平行，使竖脊肌充分受力，向上至身体挺直，使竖脊肌持续受力。

（8）安全要求：向上时脊柱不要过伸，向下时身体不要俯身过低。整个动作过程中，躯干保持稳定，背部挺直，不要弓背。

（9）动作时间：向上2～4秒，向下2～4秒。

（10）呼吸方式：向上时呼气，向下时吸气。

4.俯卧挺身。★

（1）目标肌肉：竖脊肌。

（2）训练目的：锻炼竖脊肌的力量与耐力。

（3）使用器械：自身重量。

（4）动作设计原理：竖脊肌下固定向心收缩有使脊柱伸的功能，此动作阻力方向向下，对抗阻力方向向上，在与阻力方向相反的过程中，脊柱做了一个伸的动作，动作与功能相一致，所以此动作可以锻炼到竖脊肌。

图2-2-32 俯卧挺身

（5）身体位置：俯卧在垫上，双脚并拢伸直，绷脚尖，骨盆保持中立位，背部挺直，下颌微收，两手置于耳朵两侧，从侧面看，耳、肩、髋在一条直线上。

（6）身体姿态与稳定：收腹、挺胸、背部挺直、下颌微收。

（7）运动方向与幅度：向上至胸部抬离垫子，使竖脊肌充分收缩，向下至胸部接近垫子，但不完全贴在垫子上，使竖脊肌持续受力。

（8）安全要求：向上时幅度不要太大，腹部不要离开垫子，向下时身体不要完全趴在垫子上，始终保持竖脊肌持续受力。整个动作过程中，头部保持稳定，颈椎保持稳定，不要有明显晃动。

（9）动作时间：向上2~4秒，向下2~4秒。

（10）呼吸方式：向上向心收缩呼气，向下离心还原时吸气。

5. 钢线拉力器屈膝硬拉。

（1）目标肌肉：竖脊肌。

（2）训练目的：锻炼竖脊肌的力量与耐力。

（3）使用器械：钢线拉力器。

（4）动作设计原理：竖脊肌等长收缩有使保持脊柱自然生理弯曲，维持躯干稳定的功能，此动作阻力方向向下，对抗阻力方向向上，在与阻力相反的过程中，做了一个保持脊柱自然生理弯曲、维持躯干稳定的动作，动作与功能相一致，所以此动作可以锻炼到竖脊肌。

图2-2-33　钢线拉力器屈膝硬拉

（5）身体位置：调整器械滑轮到最低处以及合适的配重片重量，两脚左右开立与肩同宽，脚尖稍外展，膝关节自然弯曲朝脚尖方向，背部挺直，俯身与地面呈40°，下颌微收，两手窄握、正握、闭握抓住拉力器短杆，置于身体前侧，肘关节自然伸直为微屈，腕关节保持中立位。

（6）身体姿态与稳定：收腹、挺胸、下颌微收、背部挺直。

（7）运动方向与幅度：向下至躯干与地面呈40°，拉力器短杆置于膝关节稍往下位置，使竖脊肌充分受力，向上至身体自然直立，使竖脊肌持续受力。

（8）安全要求：向上时膝关节不要过伸，向下时膝关节不超过脚尖。整个动作过程中，始终保持背部挺直，不要弓背，肘关节始终保持自然伸直或微屈，不要过伸，腕关节保持中立位。

（9）动作时间：向上2~4秒，向下2~4秒。

（10）呼吸方式：向上时呼气，向下时吸气。

6.弹力带屈膝硬拉。

（1）目标肌肉：竖脊肌。

（2）训练目的：锻炼竖脊肌的力量与耐力。

（3）使用器械：弹力带。

（4）动作设计原理：竖脊肌等长收缩有使保持脊柱自然生理弯曲，维持躯干稳定的功能，此动作阻力方向向下，对抗阻力方向向上，在与阻力相反的过程中，做了一个保持脊柱自然生理弯曲，维持躯干稳定的动作，动作与功能相一致，所以此动作可以锻炼到竖脊肌。

图2-2-34 弹力带屈膝硬

（5）身体位置：选择合适张力的弹力带踩于脚下，双脚左右开立与肩同宽，脚尖稍外展，膝关节自然伸直或微屈朝脚尖方向，骨盆保持中立位，背部挺直，下颌微收，两手对握、闭握弹力带置于身体两侧，肘关节自然伸直或微屈，腕关节保持中立位。

（6）身体姿态与稳定：收腹、挺胸、背部挺直、下颌微收。

（7）运动方向与幅度：向下至躯干与地面呈40°，弹力带张力不消失，使竖脊肌充分受力，向上至身体自然直立，使竖脊肌持续受力。

（8）安全要求：向上时膝关节不要过伸，向下时膝关节不超过脚尖。整个动作过程中，始终保持背部挺直，不要弓背，肘关节始终保持自然伸直或微屈，不要过伸，腕关节保持中立位。

（9）动作时间：向上2~4秒，向下2~4秒。

（10）呼吸方式：向上时呼气，向下时吸气。

7. 半球俯卧挺身。★★

（1）目标肌肉：竖脊肌。

（2）训练目的：锻炼竖脊肌的力量与耐力。

（3）使用器械：健身半球。

（4）动作设计原理：竖脊肌下固定向心收缩有使脊柱伸的功能，此动作阻力方向向下，对抗阻力方向向上，在与阻力方向相反的过程中，脊柱做了一个伸的动作，动作与功能相一致，所以此动作可以锻炼到竖脊肌。

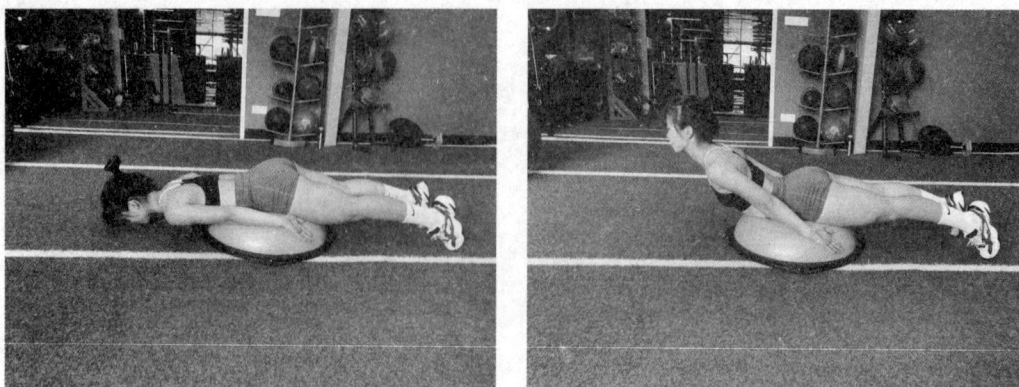

图2-2-35 半球俯卧挺身

（5）身体位置：俯卧在半球上，两脚左右开立与肩同宽，脚尖触地，膝关节自然伸直或微屈，骨盆保持中立位，背部挺直，下颌微收，两手置于身体两侧，掌心朝上，身体保持一条直线，呈平板状，从侧面看，耳、肩、髋在同一条直线上。

（6）身体姿态与稳定：收腹、挺胸、下颌微收、腰部保持正常的生理曲度。

（7）运动方向与幅度：向上至背部充分挺直，使竖脊肌充分收缩，向下至躯干与地面平行，使竖脊肌持续受力。

（8）安全要求：向上时幅度不要太大，腹部不要离开垫子，向下时身体不要完全趴在垫子上，始终保持竖脊肌持续受力。整个动作过程中，头部保持稳定，颈椎保持稳定，不要有明显晃动。

（9）动作时间：向上2～4秒，向下2～4秒。

（10）呼吸方式：向上向心收缩呼气，向下离心还原时吸气。

第三节　肩部肌肉抗阻训练技能

肩部肌肉主要包括三角肌、大圆肌、小圆肌、肩胛下肌、冈上肌、冈下肌等肌肉。

一、三角肌抗阻训练技能

（一）三角肌的位置、起止点与功能

1.位置：肩部皮下，呈倒三角形。

2. 起止点：起自于锁骨外侧半、尖峰和肩胛冈，止于三角肌粗隆。

3. 功能：近固定向心收缩时，前部肌纤维使上臂在肩关节处屈、水平屈和内旋；中部肌纤维使上臂在肩关节处外展；后部肌纤维使上臂在肩关节处伸、水平伸和外旋；整体收缩使上臂在肩关节处外展。

图2-3-1 三角肌

（二）三角肌前部抗阻训练方法

1. 杠铃站姿前平举。★

（1）目标肌肉：三角肌前部。

（2）训练目的：锻炼三角肌前部的力量与耐力。

（3）使用器械：杠铃。

（4）动作设计原理：三角肌前部近固定向心收缩有使上臂在肩关节屈的功能，此动作阻力方向向下，对抗阻力方向向上，在与阻力方向相反的过程中，上臂在肩关节做了一个屈的动作，动作与功能相一致，所以此动作可以锻炼到三角肌前部。

图2-3-2 杠铃站姿前平举

（5）身体位置：两脚左右开立与肩同宽，脚尖稍外展，膝关节自然伸直或微屈朝脚尖方向，骨盆保持中立位，背部挺直，下颌微收，两手采用窄握距，正握、闭握杠铃，手臂自然下垂，置于身体前侧，肘关节自然伸直或微屈，腕关节保持中立位。

（6）身体姿态与稳定：收腹、挺胸、下颌微收、背部挺直。

（7）动作方向与幅度：向上至肘关节与肩关节同高或略高于肩关节，使三角肌前部充分收缩，向下至杠铃接近大腿前侧，使三角肌前部持续受力。

（8）安全要求：向上时肘关节不要超过肩关节太多，不要耸肩，向下时保持肌肉张力不消失。整个动作过程中，躯干保持稳定，不要前后晃动借力，肘关节不过伸，腕关节保持中立位。

（9）动作时间：向上2~4秒，向下2~4秒。

（10）呼吸方式：向上向心收缩时呼气，向下离心还原时吸气。

2. 哑铃站姿交替前平举。★

（1）目标肌肉：三角肌前部。

（2）训练目的：锻炼三角肌前部的力量与耐力。

（3）使用器械：哑铃。

（4）动作设计原理：三角肌前部近固定向心收缩有使上臂在肩关节屈的功能，此动作阻力方向向下，对抗阻力方向向上，在与阻力方向相反的过程中，上臂在肩关节做了一个屈的动作，动作与功能相一致，所以此动作可以锻炼到三角肌前部。

图2-3-3 哑铃站姿交替前平举

（5）身体位置：两脚左右开立与肩同宽，脚尖稍外展，膝关节自然伸直或微屈朝脚尖方向，骨盆保持中立位，背部挺直，下颌微收，两手正握、闭握哑铃，手臂自然下垂，置于身体前侧，肘关节自然伸直或微屈，腕关节保持中立位。

（6）身体姿态与稳定：收腹、挺胸、下颌微收、背部挺直。

（7）动作方向与幅度：向上至肘关节与肩关节同高或略高于肩关节，使三角肌前部充分收缩，向下至哑铃接近大腿前侧，使三角肌前部持续受力。

（8）安全要求：向上时肘关节不要超过肩关节太多，不要耸肩，向下时保持肌肉张力不消失。整个动作过程中，躯干保持稳定，不要前后晃动借力，肘关节不过伸，腕关节保持中立位。

（9）动作时间：向上2～4秒，向下2～4秒。

（10）呼吸方式：向上向心收缩时呼气，向下离心还原时吸气。

3.器械坐姿推举。★

（1）目标肌肉：三角肌前部。

（2）训练目的：锻炼三角肌前部的力量与耐力。

（3）使用器械：肩部训练器。

（4）动作设计原理：三角肌前部近固定向心收缩有使上臂在肩关节屈的功能，此动作阻力方向向下，对抗阻力方向向上，在与阻力方向相反的过程中，上臂在肩关节做了一个屈的动作，动作与功能相一致，所以此动作可以锻炼到三角肌前部。

图2-3-4 器械坐姿推举

（5）身体位置：调整合适的配重片重量，坐在器械板凳上，两脚左右开立与肩同宽，脚尖稍外展，膝关节自然弯曲朝脚尖方向，骨盆保持中立位，背部挺直紧靠椅背，下颌微收，两手正握、闭握器械把手，上臂与地面平行且垂直身体额状面，肘关节呈90°，腕关节保持中立位。

（6）身体姿态与稳定：收腹、挺胸、下颌微收、背部挺直。

（7）动作方向与幅度：向上至肘关节自然伸直或微屈，使三角肌前部充分收缩，向下至上臂与地面平行，器械片不相碰，使三角肌前部持续受力。

（8）安全要求：向上时肘关节不要过伸，向下时肘关节不要低于肩关节过多，配重片不相碰。整个动作过程中，躯干保持稳定，肩关节不要外展，腕关节保持中立位。

（9）动作时间：向上2～4秒，向下2～4秒。

（10）呼吸方式：向上向心收缩时呼气，向下离心还原时吸气。

4.史密斯机坐姿推举。★

（1）目标肌肉：三角肌前部。

（2）训练目的：锻炼三角肌前部的力量与耐力。

（3）使用器械：史密斯机。

（4）动作设计原理：三角肌前部近固定向心收缩有使上臂在肩关节屈的功能，此动作阻力方向向下，对抗阻力方向向上，在与阻力方向相反的过程中，上臂在肩关节做了一个屈的动作，动作与功能相一致，所以此动作可以锻炼到三角肌前部。

图2-3-5　史密斯机坐姿推举

（5）身体位置：调整合适的配重片重量，坐在训练凳上，两脚左右开立与肩同宽，脚尖稍外展，膝关节自然弯曲或微屈朝脚尖方向，骨盆保持中立位，背部挺直紧靠椅背，下颌微收，两手采用窄握距，正握、闭握杠铃，上臂与地面平行且垂直身体额状面，肘关节呈90°，腕关节保持中立位。

（6）身体姿态与稳定：收腹、挺胸、下颌微收、背部挺直。

（7）动作方向与幅度：向上至肘关节自然伸直或微屈，使三角肌前部充分收缩，向下至上臂与地面平行，使三角肌前部持续受力。

（8）安全要求：向上时肘关节不要过伸，向下时肘关节不要低于肩关节过多。整个动作过程中，躯干保持稳定，肩关节不要外展，腕关节保持中立位。

（9）动作时间：向上2～4秒，向下2～4秒。

（10）呼吸方式：向上向心收缩时呼气，向下离心还原时吸气。

5.单臂钢线低位拉力器前平举。

（1）目标肌肉：三角肌前部。

（2）训练目的：锻炼三角肌前部的力量与耐力。

（3）使用器械：钢线拉力器。

（4）动作设计原理：三角肌前部近固定向心收缩有使上臂在肩关节屈的功能，此动作阻力方向向下，对抗阻力方向向上，在与阻力方向相反的过程中，上臂在肩关节做了一个屈的动作，动作与功能相一致，所以此动作可以锻炼到三角肌前部。

图2-3-6 单臂钢线低位拉力器前平举

（5）身体位置：调整合适的配重片重量，将滑轮调到最低处，背对器械站立，两脚左右自然开立，脚尖朝前，膝关节自然伸直或微屈朝脚尖方向，骨盆保持中立位，背部挺直，下颌微收，一手叉腰，另一手正握、闭握钢线拉力器把手直臂置于体侧，肘关节自然伸直或微屈，腕关节保持中立位。

（6）身体姿态与稳定：收腹、挺胸、下颌微收、背部挺直。

（7）动作方向与幅度：向上至肘关节与肩同高或略高于肩，使三角肌前部充分收缩，向下至手臂接近与地面垂直，配重片不相碰，使三角肌前部持续受力。

（8）安全要求：向上不要耸肩，肘关节不要超过肩过多，向下配重片不相碰。整个动作过程中，躯干始终保持稳定，不弯腰弓背，肘关节不要过伸，腕关节保持中立位。

（9）动作时间：向上2～4秒，向下2～4秒。

（10）呼吸方式：向上向心收缩时呼气，向下离心还原时吸气。

6. 弹力带前平举。★★

（1）目标肌肉：三角肌前部。

（2）训练目的：锻炼三角肌前部的力量与耐力。

（3）使用器械：弹力带。

（4）动作设计原理：三角肌前部近固定向心收缩有使上臂在肩关节屈的功能，此动作阻力方向向下，对抗阻力方向向上，在与阻力方向相反的过程中，上臂在肩关节做了一个屈的动作，动作与功能相一致，所以此动作可以锻炼到三角肌前部。

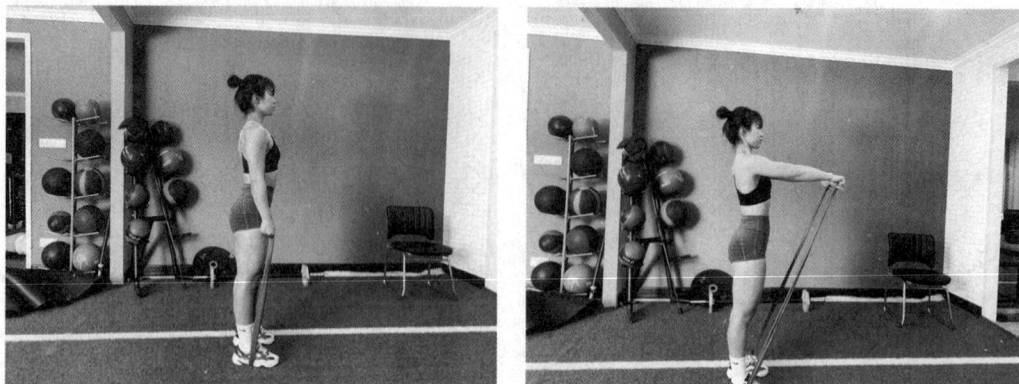

图2-3-7 弹力带前平举

（5）身体位置：挑选择合适张力的弹力带踩于脚下，两脚左后开立与肩同宽，脚尖稍外展，膝关节自然伸直或微屈朝脚尖方向，骨盆保持中立位，背部挺直，下颌微收，两手正握、闭握弹力带置于身体两侧，肘关节自然伸直或微屈，手腕保持中立位。

（6）身体姿态与稳定：收腹、挺胸、下颌微收、背部挺直。

（7）动作方向与幅度：向上至肘关节与肩同高或略高于肩，使三角肌前部充分收缩，向下至手臂接近与地面垂直，弹力带张力不消失，使三角肌前部持续受力。

（8）安全要求：向上不要耸肩，肘关节不要超过肩过多，向下至弹力带张力不消失。整个动作过程中，躯干始终保持稳定，不弯腰弓背，肘关节不要过伸，腕关节保持中立位。

（9）动作时间：向上2~4秒，向下2~4秒。

（10）呼吸方式：向上向心收缩时呼气，向下离心还原时吸气。

7. 两手半球夹肘俯卧撑。★★

（1）目标肌肉：三角肌前部。

（2）训练目的：锻炼三角肌前部的力量与耐力。

（3）使用器械：半球。

（4）动作设计原理：三角肌前部近固定向心收缩有使上臂在肩关节屈的功能，此动作阻力方向向下，对抗阻力方向向上，在与阻力方向相反的过程中，上臂在肩关节做了一个屈的动作，动作与功能相一致，所以此动作可以锻炼到三角肌前部。

图2-3-8 两手半球夹肘俯卧撑

（5）身体位置：两手分开与肩同宽支撑于半球平台两侧，两脚自然分开，膝关节自然伸直或微屈，骨盆保持中立位，背部挺直，下颌微收，身体保持一条直线，呈平板状，从侧面看，耳、肩、髋在同一条直线上。

（6）身体姿态与稳定：收腹、挺胸、下颌微收、腰部保持正常的生理曲度。

（7）运动方向与幅度：向下至肘关节呈90°或略小于90°，使三角肌前部持续紧张，向上至肘关节自然伸直或微屈，使三角肌前部充分收缩。

（8）安全要求：向上时肘关节不要过伸，向下肘关节不要高于肩关节过多。整个动作过程中，肩关节不要外展，身体始终保持平板状，保持半球稳定。

（9）动作时间：向上2~4秒，向下2~4秒。

（10）呼吸方式：向上向心收缩时呼气，向下离心还原时吸气。

（三）三角肌中部抗阻训练方法

1.器械坐姿肩上推举。★

（1）目标肌肉：三角肌中部。

（2）训练目的：锻炼三角肌中部的力量与耐力。

（3）使用器械：坐姿推肩器。

（4）动作设计原理：三角肌中部近固定向心收缩有使上臂在肩关节外展的功能，此动作阻力方向向下，对抗阻力方向向上，在与阻力方向相反的过程中，上臂在肩关节做了一个外展的动作，动作与功能相一致，所以此动作可以锻炼到三角肌中部。

图2-3-9　器械坐姿肩上推举

（5）身体位置：调整好合适的配重片重量与座椅高度，坐在器械座椅上，两脚左右开立与肩同宽，脚尖稍外展，膝关节自然弯曲朝脚尖方向，背部挺直，下颌微收，上背部、臀部紧贴椅背，两手正握、闭握把手，肘关节自然弯曲，腕关节保持中立位。

（6）身体姿态与稳定：收腹、挺胸、下颌微收、腰部保持正常的生理曲度。

（7）运动方向与幅度：向上至肘关节自然伸直或微屈，使三角肌中部充分收缩，向下至器械把手与肩关节同高或略低于肩关节，配重片不相碰，使三角肌中部持续受力。

（8）安全要求：向下时肘关节不要低于肩关节过多，配重片不相碰，向上时肘关节不要过伸。整个动作过程中，躯干保持稳定，肘关节始终在肩关节前面，腕关节保持中立位。

（9）动作时间：向上2～4秒，向下2～4秒。

（10）呼吸方式：向上向心收缩时呼气，向下离心还原时吸气。

2.杠铃直立推举。★

（1）目标肌肉：三角肌中部。

（2）训练目的：锻炼三角肌中部的力量与耐力。

（3）使用器械：杠铃。

（4）动作设计原理：三角肌中部近固定向心收缩有使上臂在肩关节外展的功能，此动作阻力方向向下，对抗阻力方向向上，在与阻力方向相反的过程中，上臂在肩关节做了一个外展的动作，动作与功能相一致，所以此动作可以锻炼到三角肌中部。

图2-3-10 杠铃直立推举

（5）身体位置：调整合适的杠铃重量，两脚左右开立与肩同宽，脚尖稍外展，膝关节自然伸直或微屈朝脚尖方向，骨盆保持中立位，背部挺直，下颌微收，两手正握、闭握杠，握距比肩略宽，将杠铃置于锁骨位置，肘关节自然弯曲，腕关节保持中立位。

（6）身体姿态与稳定：收腹、挺胸、下颌微收、背部挺直。

（7）动作方向与幅度：向上至肘关节自然伸直或微屈，使三角肌中部充分收缩，向下肘关节与肩同高或略低于肩，使三角肌中部持续受力。

（8）安全要求：向上肘关节不要过伸，向下肘关节不要过低于肩关节。整个动作过程中，杠铃紧贴身体上下运动，身体不要前后摆动过大，不要弓背，腕关节保持中立位。

（9）动作时间：向上2~4秒，向下2~4秒。

（10）呼吸方式：向上向心收缩时呼气，向下离心还原时吸气。

3. 杠铃直立划船。★

（1）目标肌肉：三角肌中部。

（2）训练目的：锻炼三角肌中部的力量与耐力。

（3）使用器械：杠铃。

（4）动作设计原理：三角肌中部近固定向心收缩有使上臂在肩关节外展的功能，此动作阻力方向向下，对抗阻力方向向上，在与阻力方向相反的过程中，上臂在肩关节做了一个外展的动作，动作与功能相一致，所以此动作可以锻炼到三角肌中部。

图2-3-11 杠铃直立划船

（5）身体位置：调整合适的杠铃重量，两脚左右开立与肩同宽，脚尖稍外展，膝关节自然伸直朝脚尖方向，骨盆保持中立位，背部挺直，下颌微收，两手正握、闭握杠，握距比肩略宽，肘关节自然伸直或微屈，腕关节保持中立位。

（6）身体姿态与稳定：收腹、挺胸、下颌微收、背部挺直。

（7）动作方向与幅度：向上至肘关节与肩关节同高或略高于肩关节，使三角肌中部充分收缩，向下至肘关节自然伸直或微屈，使三角肌中部持续受力。

（8）安全要求：向上时肘关节不要高于肩关节过多，向下时肘关节不要过伸。整个动作过程中，杠铃紧贴身体上下运动，身体不要前后摆动过大，不弯腰弓背，腕关节保持中立位。

（9）动作时间：向上2~4秒，向下2~4秒。

（10）呼吸方式：向上向心收缩时呼气，向下离心还原时吸气。

4. 史密斯机坐姿推举。★

（1）目标肌肉：三角肌中部。

（2）训练目的：锻炼三角肌中部的力量与耐力。

（3）使用器械：史密斯机。

（4）动作设计原理：三角肌中部近固定向心收缩有使上臂在肩关节外展的功能，此动作阻力方向向下，对抗阻力方向向上，在与阻力方向相反的过程中，上臂在肩关节做了一个外展的动作，动作与功能相一致，所以此动作可以锻炼到三角肌中部。

图2-3-12 史密斯机坐姿推举

（5）身体位置：调整好合适的杠铃重量与板凳高度，坐在座椅上，两脚左右开立与肩同宽，脚尖稍外展，膝关节自然弯曲朝脚尖方向，背部挺直，下颌微收，上背部、臀部紧贴椅背，两手正握、闭握杠铃置于锁骨位置，握距比肩略宽，肘关节自然弯曲，腕关节保持中立位。

（6）身体姿态与稳定：收腹、挺胸、下颌微收、腰部保持正常的生理曲度。

（7）运动方向与幅度：向上至肘关节自然伸直或微屈，使三角肌中部充分收缩，向下至器械把手与肩关节同高或略低于肩关节，使三角肌中部持续受力。

（8）安全要求：向下时肘关节不要低于肩关节过多，向上时肘关节不要过伸。整个动作过程中，躯干保持稳定，肘关节始终在肩关节前面，腕关节保持中立位。

（9）动作时间：向上2~4秒，向下2~4秒。

（10）呼吸方式：向上向心收缩时呼气，向下离心还原时吸气。

5. 史密斯机直立划船。

（1）目标肌肉：三角肌中部。

（2）训练目的：锻炼三角肌中部的力量与耐力。

（3）使用器械：史密斯机。

（4）动作设计原理：三角肌中部近固定向心收缩有使上臂在肩关节外展的功能，此动作阻力方向向下，对抗阻力方向向上，在与阻力方向相反的过程中，上臂在肩关节做了一个外展的动作，动作与功能相一致，所以此动作可以锻炼到三角肌中部。

图2-3-13 史密斯机直立划船

（5）身体位置：调整合适的杠铃重量，两脚左右开立与肩同宽，脚尖稍外展，膝关节自然伸直朝脚尖方向，骨盆保持中立位，背部挺直，下颌微收，两手正握、闭握杠，握距比肩略宽，肘关节自然伸直或微屈，腕关节保持中立位。

（6）身体姿态与稳定：收腹、挺胸、下颌微收、背部挺直。

（7）动作方向与幅度：向上至肘关节与肩关节同高或略高于肩关节，使三角肌中部充分收缩，向下至肘关节自然伸直或微屈，使三角肌中部持续受力。

（8）安全要求：向上肘关节不要高于肩关节过多，向下肘关节不要过伸。整个动作过程中，杠铃紧贴身体上下运动，身体不要前后摆动过大，不弯腰弓背，腕关节保持中立位。

（9）动作时间：向上2～4秒，向下2～4秒。

（10）呼吸方式：向上向心收缩时呼气，向下离心还原时吸气。

6. 哑铃站姿侧平举。★

（1）目标肌肉：三角肌中部。

（2）训练目的：锻炼三角肌中部的力量与耐力。

（3）使用器械：哑铃。

（4）动作设计原理：三角肌中部近固定向心收缩有使上臂在肩关节外展的功能，此动作阻力方向向下，对抗阻力方向向上，在与阻力方向相反的过程中，上臂在肩关节做了一个外展的动作，动作与功能相一致，所以此动作可以锻炼到三角肌中部。

图2-3-14 哑铃站姿侧平举

（5）身体位置：两脚左右开立与肩同宽，脚尖稍外展，膝关节自然伸直或微屈朝脚尖方向，骨盆保持中立位，背部挺直，下颌微收，两手采用对握、闭握哑铃于体侧，肘关节微屈，腕关节保持中立位。

（6）身体姿态与稳定：收腹、挺胸、下颌微收、背部挺直。

（7）动作方向与幅度：向上至肘关节与肩同高或略高于肩，使三角肌中部充分收缩，向下至哑铃于身体两侧，使三角肌中部持续受力。

（8）安全要求：向上肘关节不要高于肩关节太多，向下肘关节不要过伸。整个动作过程中，躯干不要前后摆动，肘关节向后始终不要超过肩关节连线的冠状面，肘关节始终保持微屈，不要过伸。

（9）动作时间：向上2~4秒，向下2~4秒。

（10）呼吸方式：向上向心收缩时呼气，向下离心还原时吸气。

7. 哑铃坐姿推举。★

（1）目标肌肉：三角肌中部。

（2）训练目的：锻炼三角肌中部的力量与耐力。

（3）使用器械：哑铃。

（4）动作设计原理：三角肌中部近固定向心收缩有使上臂在肩关节外展的功能，此动作阻力方向向下，对抗阻力方向向上，在与阻力方向相反的过程中，上臂在肩关节做了一个外展的动作，动作与功能相一致，所以此动作可以锻炼到三角肌中部。

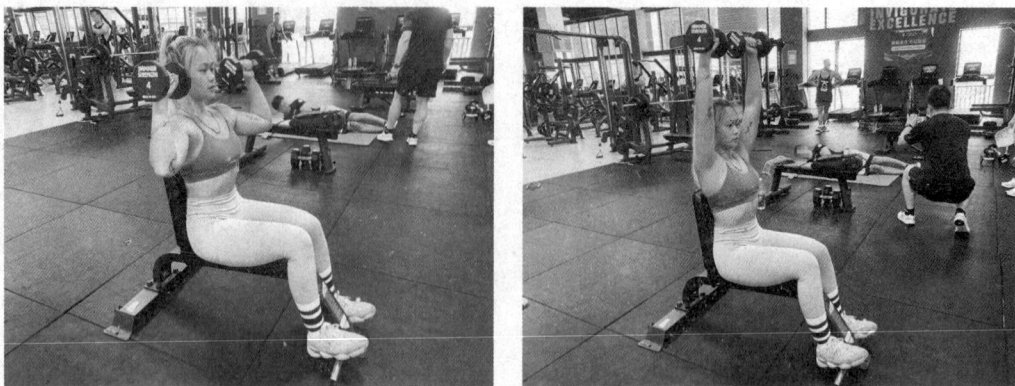

图2-3-15　哑铃坐姿推举

（5）身体位置：坐在带靠背的训练凳上，两脚左右开立与肩同宽，脚尖稍外展，膝关节自然弯曲朝脚尖方向，背部挺直，下颌微收，上背部紧贴椅背，两手正握、闭握哑铃，肘关节自然弯曲，腕关节保持中立位。

（6）身体姿态与稳定：收腹、挺胸、下颌微收、腰部保持正常的生理曲度。

（7）运动方向与幅度：向上肘关节自然伸直或微屈，使三角肌中部充分收缩，向下至哑铃与肩关节同高或略低于肩关节，使三角肌中部持续受力。

（8）安全要求：向下时肘关节不要低于肩关节过多，向上时肘关节不要过伸。整个动作过程中，躯干保持稳定，不要弓背，腕关节保持中立位。

（9）动作时间：向下2～4秒，向上2～4秒。

（10）呼吸方式：向上向心收缩时呼气，向下离心还原时吸气。

8.单臂钢线低位拉力器侧平举。★★

（1）目标肌肉：三角肌中部。

（2）训练目的：锻炼三角肌中部的力量与耐力。

（3）使用器械：钢线拉力器。

（4）动作设计原理：三角肌中部近固定向心收缩有使上臂在肩关节外展的功能，此动作阻力方向向下，对抗阻力方向向上，在与阻力方向相反的过程中，上臂在肩关节做了一个外展的动作，动作与功能相一致，所以此动作可以锻炼到三角肌中部。

图2-3-16 单臂钢线低位拉力器侧平举

（5）身体位置：调整合适的配重片重量，将滑轮调到最低处，侧对器械滑轮，两脚左右开立与肩同宽，脚尖稍外展，膝关节自然伸直或微屈朝脚尖方向，骨盆保持中立位，背部挺直，下颌微收，近侧手叉腰，远侧手对握、闭握钢线拉力器把手置于身体同侧，肘关节微屈，腕关节保持中立位。

（6）身体姿态与稳定：收腹、挺胸、下颌微收、背部挺直。

（7）动作方向与幅度：向上至肘关节与肩同高或略高于肩，使三角肌中束充分收缩，向下至把手靠近身体正中线，配重片不相碰，使三角肌中束持续受力。

（8）安全要求：向上时不要耸肩，肘关节不要超过肩关节过多，向下时配重片不相碰。整个动作过程中，躯干始终保持稳定，不要弓背，肘关节微屈，不要过伸，腕关节保持中立位。

（9）动作时间：向上2～4秒，向下2～4秒。

（10）呼吸方式：向上向心收缩时呼气，向下离心还原时吸气。

9.弹力带侧平举。★★

（1）目标肌肉：三角肌中部。

（2）训练目的：锻炼三角肌中部的力量与耐力。

（3）使用器械：弹力带。

（4）动作设计原理：三角肌中部近固定向心收缩有使上臂在肩关节外展的功能，此动作阻力方向向下，对抗阻力方向向上，在与阻力方向相反的过程中，上臂在肩关节做了一个外展的动作，动作与功能相一致，所以此动作可以锻炼到三角肌中部。

图2-3-17 弹力带侧平举

（5）身体位置：选择合适张力的弹力带踩于脚下，两脚左右开立与肩同宽，脚尖稍外展，膝关节自然伸直或微屈朝脚尖方向，骨盆保持中立位，背部挺直，下颌微收，两手对握、闭握弹力带置于身体两侧，肘关节微屈，腕关节保持中立位。

（6）身体姿态与稳定：收腹、挺胸、下颌微收、背部挺直。

（7）动作方向与幅度：向上至肘关节与肩同高或略高于肩，使三角肌中束充分收缩，向下至弹力带置于身体两侧且张力不消失，使三角肌中束持续受力。

（8）安全要求：向上时不要耸肩，肘关节不要超过肩关节过多，向下时弹力带张力不消失。整个动作过程中，躯干始终保持稳定，不要弓背，肘关节微屈，不要过伸，腕关节保持中立位。

（9）动作时间：向上2~4秒，向下2~4秒。

（10）呼吸方式：向上向心收缩时呼气，向下离心还原时吸气。

（四）三角肌后部抗阻训练方法

1.器械坐姿反飞鸟。★

（1）目标肌肉：三角肌后部。

（2）训练目的：锻炼三角肌后部的力量与耐力。

（3）使用器械：蝴蝶机。

（4）动作设计原理：三角肌后部近固定向心收缩有使上臂在肩关节水平伸的功能，此动作阻力方向向前，对抗阻力方向向后，在与阻力方向相反的过程中，上臂在肩关节做了一个水平伸的动作，动作与功能相一致，所以此动作可以锻炼到三角肌后部。

图2-3-18　器械坐姿反飞鸟

（5）身体位置：调整合适的配重片重量与把手位置，调整座椅高度，使器械把手略低于肩关节，面对器械，坐在器械座椅上，两脚左右开立与肩同宽，脚尖稍外展，膝关节自然弯曲朝脚尖方向，骨盆保持中立位，背部挺直，胸部紧贴椅背，下颌微收，两手对握、闭握器械把手，肘关节自然伸直或微屈，腕关节保持中立位。

（6）身体姿态与稳定：收腹、挺胸、下颌微收、背部挺直。

（7）运动方向与幅度：向后至肘关节与双肩在一条直线上或略超过肩关节，使三角肌后部充分收缩，向前至两臂平行，配重片不相碰，使三角肌后部持续受力。

（8）安全要求：向后时肘关节不要超过双肩连线过多，向前时配重片不相碰。整个动作过程中，躯干保持稳定，不要耸肩，肩关节外展不超过90°，肘关节始终保持微屈，不要过伸，腕关节始终保持中立位。

（9）动作时间：向前2～4秒，向后2～4秒。

（10）呼吸方式：向后向心收缩时呼气，向前离心还原时吸气。

2. 器械坐姿开肘划船。

（1）目标肌肉：三角肌后部。

（2）训练目的：锻炼三角肌后部的力量与耐力。

（3）使用器械：划船机。

（4）动作设计原理：三角肌后部近固定向心收缩有使上臂在肩关节水平伸的功能，此动作阻力方向向前，对抗阻力方向向后，在与阻力方向相反的过程中，上臂在肩关节做了一个水平伸的动作，动作与功能相一致，所以此动作可以锻炼到三角肌后部。

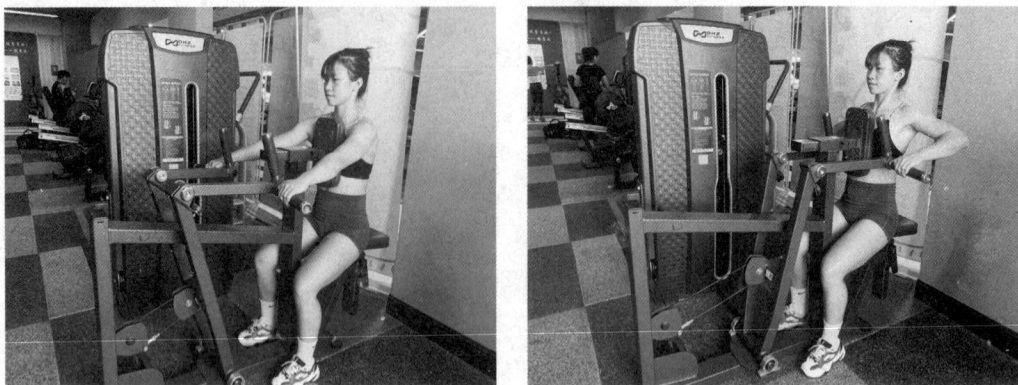

图2-3-19　器械坐姿开肘划船

（5）身体位置：调整合适的配重片重量与把手位置，面对器械，坐在器械座椅上，两脚左右开立与肩同宽，脚尖稍外展，膝关节自然弯曲朝脚尖方向，骨盆保持中立位，背部挺直，胸部抵住挡板，下颌微收，两手正握、闭握器械把手，握距比肩略宽，肘关节自然伸直或微屈，腕关节保持中立位。

（6）身体姿态与稳定：收腹、挺胸、下颌微收、背部挺直。

（7）运动方向与幅度：向后至肘关节与双肩在同一平面上或略超过肩关节，使三角肌后部充分收缩，向前至肘关节自然伸直或微屈，使三角肌后部持续受力。

（8）安全要求：向后时肘关节不要超过双肩连线过多，向前时配重片不相碰。整个动作过程中，躯干保持稳定，不要耸肩，肩关节外展不超过90°，腕关节不要过伸。

（9）动作时间：向前2～4秒，向后2～4秒。

（10）呼吸方式：向后向心收缩时呼气，向前离心还原时吸气。

3. 杠铃俯身开肘划船。

（1）目标肌肉：三角肌后部。

（2）训练目的：锻炼三角肌后部的力量与耐力。

（3）使用器械：杠铃。

（4）动作设计原理：三角肌后部近固定向心收缩有使上臂在肩关节水平伸的功能，此动作阻力方向向下，对抗阻力方向向上，在与阻力方向相反的过程中，上臂在肩关节做了一个水平伸的动作，动作与功能相一致，所以此动作可以锻炼到三角肌后部。

图2-3-20　杠铃俯身开肘划船

（5）身体位置：选择合适重量的杠铃，两脚左右开立与肩同宽，脚尖稍外展，膝关节自然弯曲朝脚尖方向，背部挺直，下颌微收，俯身与水平面呈40°，两手正握、闭握杠铃置于膝关节稍向下位置，握距比肩略宽，肘关节自然伸直或微屈，腕关节保持中立位。

（6）身体姿态与稳定：收腹、挺胸、下颌微收、背部挺直。

（7）运动方向与幅度：向上至肘关节与肩关节同高或略高于肩关节，使三角肌后部充分收缩，向下至肘关节自然伸直或微屈，使三角肌后部持续受力。

（8）安全要求：向上时肘关节不要超过肩关节过多，避免肩关节压力过大，向下时肘关节不要过伸。整个动作过程中，躯干保持稳定，上下摆动幅度不要过大，不要弓背，膝关节不要过伸，腕关节保持中立位。

（9）动作时间：向上2~4秒，向下2~4秒。

（10）呼吸方式：向上向心收缩时呼气，向下离心还原时吸气。

4.哑铃俯身飞鸟。★

（1）目标肌肉：三角肌后部。

（2）训练目的：锻炼三角肌后部的力量与耐力。

（3）使用器械：哑铃。

（4）动作设计原理：三角肌后部近固定向心收缩有使上臂在肩关节水平伸的功能，此动作阻力方向向下，对抗阻力方向向上，在与阻力方向相反的过程中，上臂在肩关节做了一个水平伸的动作，动作与功能相一致，所以此动作可以锻炼到三角肌后部。

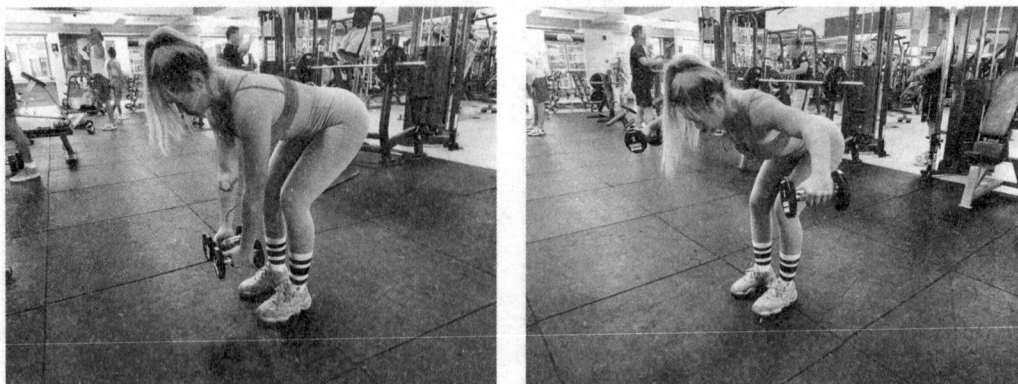

图2-3-21　哑铃俯身飞鸟

（5）身体位置：选择合适重量的哑铃，两脚左右开立与肩同宽，脚尖稍外展，膝关节自然弯曲朝脚尖方向，背部挺直，下颌微收，俯身与水平面呈40°，两手对握、闭握哑铃置于膝关节略向下位置，肘关节微屈，腕关节保持中立位。

（6）身体姿态与稳定：收腹、挺胸、下颌微收、背部挺直。

（7）运动方向与幅度：向上至肘关节与肩关节同高或略高于肩关节，使三角肌后部充分收缩，向下至肘关节自然伸直或微屈，使三角肌后部持续受力。

（8）安全要求：向上时肘关节不要超过肩关节过多，避免肩关节压力过大，向下时肘关节不要过伸。整个动作过程中，躯干保持稳定，上下摆动幅度不要过大，不要弓背，膝关节不要过伸，腕关节保持中立位。

（9）动作时间：向上2~4秒，向下2~4秒。

（10）呼吸方式：向上向心收缩时呼气，向下离心还原时吸气。

5.钢线单臂俯身飞鸟。

（1）目标肌肉：三角肌后部。

（2）训练目的：锻炼三角肌后部的力量与耐力。

（3）使用器械：钢线拉力器。

（4）动作设计原理：三角肌后部近固定向心收缩有使上臂在肩关节水平伸的功能，此动作阻力方向向下，对抗阻力方向向上，在与阻力方向相反的过程中，上臂在肩关节做了一个水平伸的动作，动作与功能相一致，所以此动作可以锻炼到三角肌后部。

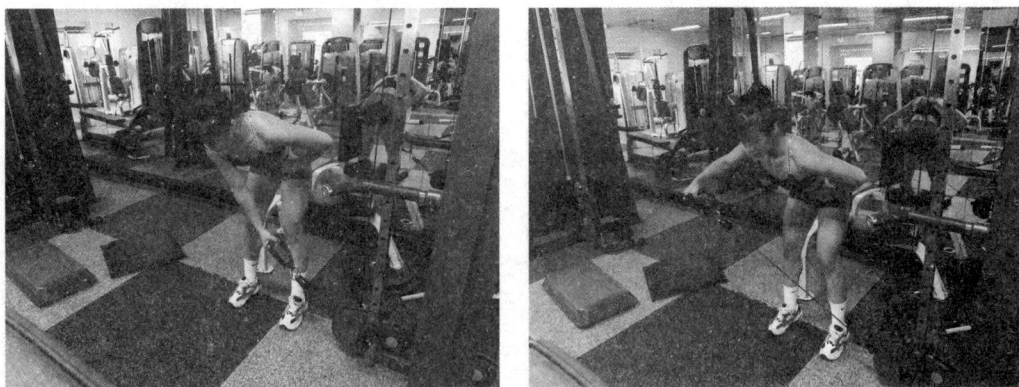

图2-3-22 钢线单臂俯身飞鸟

（5）身体位置：调整合适的配重片重量，将滑轮调到最低处，身体侧对器械，两脚左右开立与肩同宽，脚尖稍外展，膝关节自然弯曲朝脚尖方向，俯身与地面呈40°，背部挺直，下颌微收，近侧手叉腰，远侧手对握、闭握钢线拉力器把手置于身体正中线位置，肘关节自然伸直或微屈，腕关节保持中立位。

（6）身体姿态与稳定：收腹、挺胸、下颌微收、背部挺直。

（7）运动方向与幅度：向上至肘关节与肩关节同高或略高于肩关节，使三角肌后部充分收缩，向下至肘关节自然伸直或微屈，使三角肌后部持续受力。

（8）安全要求：向上时不要耸肩，肘关节不要超过肩关节过多，向下肘关节不要过伸。整个动作过程中，躯干保持稳定，上下摆动幅度不要过大，不要弓背，膝关节不要过伸，腕关节保持中立位。

（9）动作时间：向上2~4秒，向下2~4秒。

（10）呼吸方式：向上向心收缩时呼气，向下离心还原时吸气。

6.钢线俯身飞鸟。★★

（1）目标肌肉：三角肌后部。

（2）训练目的：锻炼三角肌后部的力量与耐力。

（3）使用器械：钢线拉力器。

（4）动作设计原理：三角肌后部近固定向心收缩有使上臂在肩关节水平伸的功能，此动作阻力方向向下，对抗阻力方向向上，在与阻力方向相反的过程中，上臂在肩关节做了一个水平伸的动作，动作与功能相一致，所以此动作可以锻炼到三角肌后部。

图2-3-23 钢线俯身飞鸟

（5）身体位置：调整合适的配重片重量，将滑轮调到最低处，站在器械龙门架中间位置，两脚左右开立与肩同宽，脚尖稍外展，膝关节自然弯曲朝脚尖方向，俯身与地面呈40°，背部挺直，下颌微收，两手对握、闭握钢线拉力器把手直臂垂直于地面，肘关节微屈，腕关节保持中立位。

（6）身体姿态与稳定：收腹、挺胸、下颌微收、背部挺直。

（7）运动方向与幅度：向上至肘关节与肩关节同高或略高于肩关节，使三角肌后部充分收缩，向下至肘关节自然伸直或微屈，配重片不相碰，使三角肌后部持续受力。

（8）安全要求：向上时不要耸肩，肘关节不要超过肩关节过多，向下时肘关节不要过伸，配重片不相碰。整个动作过程中，躯干保持稳定，上下摆动幅度不要过大，不要弓背，膝关节不要过伸，腕关节保持中立位。

（9）动作时间：向上2~4秒，向下2~4秒。

（10）呼吸方式：向上向心收缩时呼气，向下离心还原时吸气。

7. 弹力带俯身飞鸟。★★

（1）目标肌肉：三角肌后部。

（2）训练目的：锻炼三角肌后部的力量与耐力。

（3）使用器械：弹力带。

（4）动作设计原理：三角肌后部近固定向心收缩有使上臂在肩关节水平伸的功能，此动作阻力方向向下，对抗阻力方向向上，在与阻力方向相反的过程中，上臂在肩关节做了一个水平伸的动作，动作与功能相一致，所以此动作可以锻炼到三角肌后部。

图2-3-24 弹力带俯身飞鸟

（5）身体位置：选择合适张力的弹力带踩于脚下，两脚左右开立与肩同宽，脚尖稍外展，膝关节自然弯曲朝脚尖方向，俯身与地面呈40°，背部挺直，下颌微收，两手直臂对握、闭握交叉的弹力带置于身体前侧，肘关节微屈，腕关节保持中立位。

（6）身体姿态与稳定：收腹、挺胸、下颌微收、背部挺直。

（7）运动方向与幅度：向上至肘关节与肩关节同高或略高于肩关节，使三角肌后部充分收缩，向下至肘关节自然伸直或微屈，弹力带张力不消失，使三角肌后部持续受力。

（8）安全要求：向上时不要耸肩，肘关节不要超过肩关节过多，向下时肘关节不要过伸，弹力带张力不消失。整个动作过程中，躯干保持稳定，上下摆动幅度不要过大，不要弓背，膝关节不要过伸，腕关节保持中立位。

（9）动作时间：向上2～4秒，向下2～4秒。

（10）呼吸方式：向上向心收缩时呼气，向下离心还原时吸气。

8. 弹力带站姿反飞鸟。★★

（1）目标肌肉：三角肌后部。

（2）训练目的：锻炼三角肌后部的力量与耐力。

（3）使用器械：弹力带。

（4）动作设计原理：三角肌后部近固定向心收缩有使上臂在肩关节水平伸的功能，此动作阻力方向向内，对抗阻力方向向外，在与阻力方向相反的过程中，上臂在肩关节做了一个水平伸的动作，动作与功能相一致，所以此动作可以锻炼到三角肌后部。

图2-3-25　弹力带站姿反飞鸟

（5）身体位置：选择合适张力的弹力带置于略低于肩的器械上，两脚左右开立与肩同宽，脚尖稍外展，膝关节自然伸直或微屈朝脚尖方向，骨盆保持中立位，背部挺直，下颌微收，两手对握、闭握弹力带直臂平行于地面，肘关节自然伸直或微屈，腕关节保持中立位。

（6）身体姿态与稳定：收腹、挺胸、下颌微收、背部挺直。

（7）运动方向与幅度：向后至肘关节与双肩在一条直线上或略超过肩关节，使三角肌后部充分收缩，向前至两臂平行，弹力带张力不消失，使三角肌后部持续受力。

（8）安全要求：向后时肘关节不要超过双肩连线过多，向前时弹力带张力不消失。整个动作过程中，躯干保持稳定，不要耸肩，肩关节外展不超过90°，肘关节始终保持微屈，不要过伸，腕关节始终保持中立位。

（9）动作时间：向内2~4秒，向外2~4秒。

（10）呼吸方式：向外向心收缩时呼气，向内离心还原时吸气。

二、冈上肌的抗阻训练技能

（一）冈上肌的位置、起止点与功能

1.位置：肩胛骨冈上窝内。

2.起止点：起自于肩胛骨冈上窝内，止于肱骨大结节。

3.功能：近固定向心收缩时，使上臂在肩关节处外展。

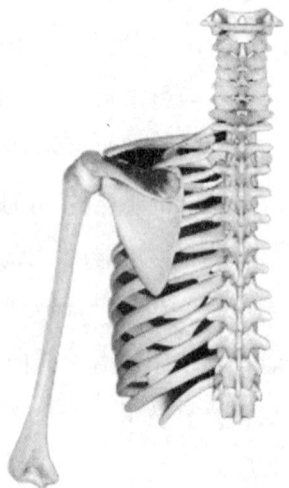

图2-3-26　冈上肌

（二）冈上肌抗阻方法

冈上肌功能与三角肌中部功能一致，具体训练参照三角肌中部抗阻技能。

三、冈下肌/小圆肌抗阻训练技能

（一）冈下肌的位置、起止点与功能

1. 位置：肩胛骨冈下窝内。

2. 起止点：起自于肩胛骨外侧缘背面，止于肱骨大结节。

3. 功能：近固定向心收缩时，使上臂在肩关节处外旋、内收和伸。

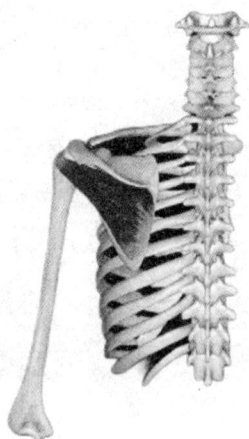

图2-3-27　冈下肌

（二）小圆肌的位置、起止点与功能

1. 位置：冈下肌下方。

2. 起止点：起自于肩胛骨冈下窝，止于肱骨大结节。

3. 功能：近固定向心收缩时，使上臂在肩关节处外旋、内收和伸。

（三）冈下肌/小圆肌抗阻训练方法（冈下肌/小圆肌内收和伸的功能与背阔肌的功能一致，具体参照背阔肌的抗阻技能）

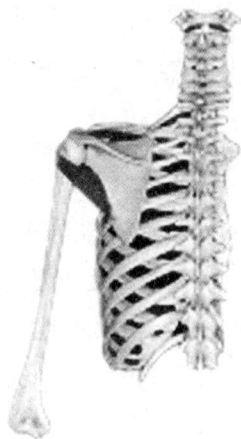

图2-3-28　小圆肌

1. 哑铃侧卧肩外旋。★★

（1）目标肌肉：冈下肌/小圆肌。

（2）训练目的：锻炼冈下肌/小圆肌的力量与耐力。

（3）使用器械：哑铃。

（4）动作设计原理：冈下肌/小圆肌近固定向心收缩有使上臂在肩关节外旋的功能，此动作阻力方向向下，对抗阻力方向向上，在与阻力方向相反的过程中，上臂在肩关节做了一个外旋的动作，动作与功能相一致，所以此动作可以锻炼到冈下肌/小圆肌。

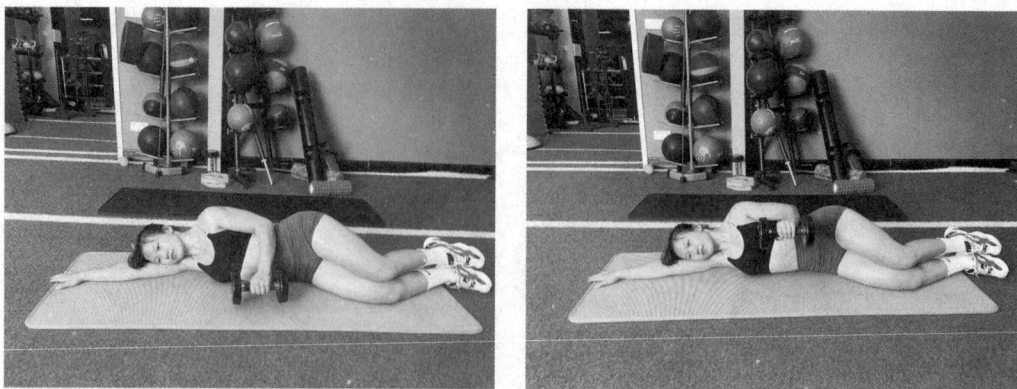

图2-3-29 哑铃侧卧肩外旋

（5）身体位置：身体侧卧在垫子上，两脚并拢，膝关节自然弯曲，骨盆保持中立位，背部挺直，靠近垫子一侧手臂自然伸直贴近垫子，掌心朝下。头部枕于手臂上，下颌微收，另一侧上臂紧贴躯干，肘关节呈90°，单手对握、闭握哑铃靠近地面，腕关节保持中立位。

（6）身体姿态与稳定：收腹、挺胸、下颌微收、背部挺直。

（7）运动方向与幅度：向上至前臂与地面平行，使冈下肌/小圆肌充分收缩，向下至哑铃接近地面，但不靠近地面，使冈下肌/小圆肌持续受力。

（8）安全要求：向上时腕关节不要高出肘关节过多，向下时哑铃不接触地面，避免张力消失。整个动作过程中，躯干始终保持稳定，上臂始终夹紧身体，腕关节保持中立位。

（9）动作时间：向上2~4秒，向下2~4秒。

（10）呼吸方式：向上向心收缩时呼气，向下离心还原时吸气。

2. 钢线肩外旋。★★

（1）目标肌肉：冈下肌/小圆肌。

（2）训练目的：锻炼冈下肌/小圆肌的力量与耐力。

（3）使用器械：钢线拉力器。

（4）动作设计原理：冈下肌/小圆肌近固定向心收缩时有使上臂在肩关节外旋的功能，此动作阻力方向向内，对抗阻力方向向外，在与阻力方向相反的过程中，上臂在肩关节做了一个外旋的动作，动作与功能相一致，所以此动作可以锻炼到冈下肌/小圆肌。

图2-3-30 钢线肩外旋

（5）身体位置：调整合适的配重片重量，将滑轮调到与肘关节同高，两脚左右开立与肩同宽，侧对拉力器直立站立，骨盆保持中立位，背部挺直，下颌微收，近侧手手叉腰，远侧手上臂夹紧身体与地面垂直，肘关节呈90°，对握、闭握器械把手，前臂接近身体，腕关节保持中立位。

（6）身体姿态与稳定：收腹、挺胸、下颌微收、背部挺直。

（7）运动方向与幅度：向外至前臂与身体额状面垂直，使冈下肌/小圆肌充分收缩，向内至前臂接近身体，配重片不相碰，使冈下肌/小圆肌持续受力。

（8）安全要求：向外时前臂与身体额状面夹角不大于90°，向内时前臂靠近身体，配重片不相碰。整个动作过程中，躯干保持稳定，不要弓背，上臂始终贴紧身体，腕关节始终保持中立位。

（9）动作时间：向内2~4秒，向外2~4秒。

（10）呼吸方式：向外向心收缩时呼气，向内离心还原时吸气。

3. 弹力带肩外旋。★★

（1）目标肌肉：冈下肌/小圆肌。

（2）训练目的：锻炼冈下肌/小圆肌的力量与耐力。

（3）使用器械：弹力带。

（4）动作设计原理：冈下肌/小圆肌近固定向心收缩时有使上臂在肩关节外旋的功能，此动作阻力方向向内，对抗阻力方向向外，在与阻力方向相反的过程中，上臂在肩关节做了一个外旋的动作，动作与功能相一致，所以此动作可以锻炼到冈下肌/小圆肌。

图2-3-31　弹力带肩外旋

（5）身体位置：选择合适张力的弹力带系在与肘关节同高的固定物上，两脚左右自然开立，侧对固定物直立站立，骨盆保持中立位，背部挺直，下颌微收，一侧手扶住固定物稳定身体，另一侧手上臂夹紧身体与地面垂直，肘关节呈90°，对握、闭握弹力带，前臂靠近身体，腕关节保持中立位。

（6）身体姿态与稳定：收腹、挺胸、下颌微收、背部挺直。

（7）运动方向与幅度：向外至前臂与身体额状面垂直，使冈下肌/小圆肌充分收缩，向内至前臂接近身体，弹力带张力不消失，使冈下肌/小圆肌持续受力。

（8）安全要求：向外时前臂与身体额状面夹角不大于90°，向内时前臂接近身体，弹力带张力不消失。整个动作过程中，躯干保持稳定，不要弓背，上臂始终贴紧身体，腕关节始终保持中立位。

（9）动作时间：向内2～4秒，向外2～4秒。

（10）呼吸方式：向外向心收缩时呼气，向内离心还原时吸气。

四、肩胛下肌/大圆肌抗阻训练技能

（一）肩胛下肌的位置、起止点与功能

1.位置：肩胛骨肩胛下窝内。

2.起止点：起自于肩胛下窝，止于肱骨小结节。

3.功能：近固定向心收缩时，使上臂在肩关节处内旋和内收。

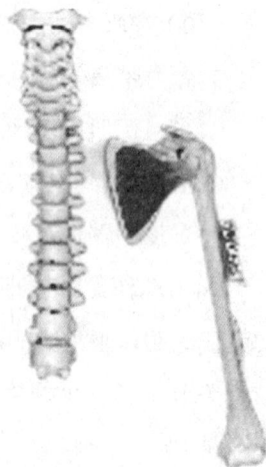

图2-3-32　肩胛下肌

（二）大圆肌的位置、起止点与功能

1. 位置：冈下肌、小圆肌下方。

2. 起止点：起自于肩胛骨下角背面，止于肱骨小结节嵴。

3. 功能：近固定向心收缩时，使上臂在肩关节处内旋、内收和伸。

图2-3-33　大圆肌

（三）肩胛下肌/大圆肌抗阻训练方法（肩胛下肌/大圆肌内收的功能与背阔肌的内收功能一致，具体参照背阔肌的抗阻技能）

1. 哑铃仰卧肩内旋。

（1）目标肌肉：肩胛下肌/大圆肌。

（2）训练目的：锻炼肩胛下肌/大圆肌的力量与耐力。

（3）使用器械：哑铃。

（4）动作设计原理：肩胛下肌/大圆肌近固定向心收缩有使上臂在肩关节内旋的功能，此动作阻力方向向下，对抗阻力方向向上，在与阻力方向相反的过程中，上臂在肩关节做了一个内旋的动作，动作与功能相一致，所以此动作可以锻炼到肩胛下肌/大圆肌。

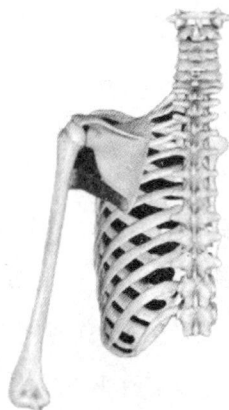

图2-3-34　哑铃仰卧肩内旋

（5）身体位置：仰卧平躺在垫子上，两脚左右开立与肩同宽踩实地面，膝关节自然弯曲，骨盆保持中立位，脊柱保持正常的生理弯曲，臀部、上背部和头后部贴紧垫子，一手放在身体一侧，掌心朝下，另一手臂肩关节外展略小于90°，上臂紧贴垫子，肘关节呈90°，正握、闭握哑铃垂直于地面。

（6）身体姿态与稳定：收腹、挺胸、下颌微收、脊柱保持正常的生理弯曲。

（7）运动方向与幅度：向上至前臂与地面夹角略小于90°，使肩胛下肌/大圆肌充分收缩，向下至接近地面，但不贴近地面，使肩胛下肌/大圆肌持续受力。

（8）安全要求：向上时前臂与地面夹角不大于90°，向下时哑铃不接触地面，避免张力消失。整个动作过程中，躯干始终保持稳定，上臂始终保持稳定，肩关节外展不超过90°，腕关节保持中立位。

（9）动作时间：向上2～4秒，向下2～4秒。

（10）呼吸方式：向上向心收缩时呼气，向下离心还原时吸气。

2. 钢线肩内旋。★★

（1）目标肌肉：肩胛下肌/大圆肌。

（2）训练目的：锻炼肩胛下肌/大圆肌的力量与耐力。

（3）使用器械：钢线拉力器。

（4）动作设计原理：肩胛下肌/大圆肌近固定向心收缩时有使上臂在肩关节内旋的功能，此动作阻力方向向外，对抗阻力方向向内，在与阻力方向相反的过程中，上臂在肩关节做了一个内旋的动作，动作与功能相一致，所以此动作可以锻炼到肩胛下肌/大圆肌。

图2-3-35　钢线肩内旋

（5）身体位置：调整合适的配重片重量，将滑轮调到与肘关节同高，两脚左右开立与肩同宽，侧对拉力器直立站立，骨盆保持中立位，背部挺直，下颌微收，远侧手叉腰，近侧手上臂夹紧身体与地面垂直，肘关节呈90°，对握、闭握器械把手，前臂接近身体，腕关节保持中立位。

（6）身体姿态与稳定：收腹、挺胸、下颌微收、背部挺直。

（7）运动方向与幅度：向内至前臂接近身体，使肩胛下肌/大圆肌充分收缩，向外至前臂与身体额状面垂直，配重片不相碰，使肩胛下肌/大圆肌持续受力。

（8）安全要求：向外时前臂与身体额状面夹角不大于90°，配重片不相碰，向内时前臂接近身体。整个动作过程中，躯干保持稳定，不要弓背，上臂始终夹紧身体，腕关节始终保持中立位。

（9）动作时间：向内2~4秒，向外2~4秒。

（10）呼吸方式：向内向心收缩时呼气，向外离心还原时吸气。

3. 弹力带肩内旋。★★

（1）目标肌肉：肩胛下肌/大圆肌。

（2）训练目的：锻炼肩胛下肌/大圆肌的力量与耐力。

（3）使用器械：弹力带。

（4）动作设计原理：肩胛下肌/大圆肌近固定向心收缩时有使上臂在肩关节内旋的功能，此动作阻力方向向外，对抗阻力方向向内，在与阻力方向相反的过程中，上臂在肩关节做了一个内旋的动作，动作与功能相一致，所以此动作可以锻炼到肩胛下肌/大圆肌。

图2-3-36 弹力带肩内旋

（5）身体位置：选择合适张力的弹力带系在与肘关节同高的固定物上，两脚左右开立与肩同宽，侧对固定物直立站立，骨盆保持中立位，背部挺直，下颌微收，远侧手叉腰，近侧手上臂夹紧身体与地面垂直，肘关节呈90°，对握、闭握弹力带，前臂接近身体，腕关节保持中立位。

（6）身体姿态与稳定：收腹、挺胸、下颌微收、背部挺直。

（7）运动方向与幅度：向外至前臂与身体额状面夹角不大于90°，使肩胛下肌/大圆肌持续紧张，向内至前臂接近身体，使肩胛下肌/大圆肌充分收缩。

（8）安全要求：向外时前臂与身体额状面夹角不大于90°，向内时前臂接近身体，弹力带张力不消失。整个动作过程中，躯干保持稳定，不要弓背，上臂始终夹紧身体，腕关节始终保持中立位。

（9）动作时间：向内2～4秒，向外2～4秒。

（10）呼吸方式：向内向心收缩时呼气，向外离心还原时吸气。

第四节　手臂肌肉抗阻训练技能

手臂肌肉主要包括前臂肌和上臂肌。前臂肌群分为前群屈肌和后群伸肌，主要为屈腕、屈指、内旋和外旋的功能。上臂肌群分为前群屈肌和后群伸肌，主要为屈肩、屈肘和伸肩、伸肘的功能，主要抗阻技能训练的肌肉包括肱二头肌和肱三头肌。

一、肱二头肌抗阻训练技能

（一）肱二头肌的位置、起止点与功能

1. 位置：上臂前面浅层，有长、短两头。

2. 起止点：长头起自于肩胛骨盂上结节，短头起自肩胛骨喙突，止于桡骨粗隆和前臂筋膜。

3. 功能：近固定向心收缩时，使前臂在肩关节处屈和外旋的功能，上臂在肩关节屈的功能；远固定时，向心收缩使上臂向前臂靠拢。

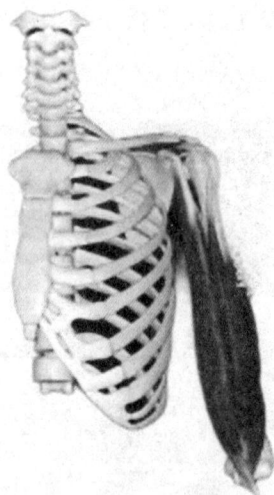

（二）肱二头肌抗阻训练方法

1. 器械坐姿臂弯举。

（1）目标肌肉：肱二头肌。

（2）训练目的：锻炼肱二头肌的力量与耐力。

（3）使用器械：臂弯举训练器。

图2-4-1　肱二头肌

（4）动作设计原理：肱二头肌近固定向心收缩有使前臂在肘关节屈的功能，此动作阻力方向向下，对抗阻力方向向上，在与阻力方向相反的过程中，前臂在肘关节做了一个屈的动作，动作与功能相一致，所以此动作可以锻炼到肱二头肌。

图2-4-2　器械坐姿臂弯举

（5）身体位置：调整合适的配重片重量与座椅高度，坐在器械凳上，两脚左右开立与肩同宽，踩于器械踏杠上，膝关节自然弯曲，背部挺直，下颌微收，两手反握、闭握器械把手，两上臂紧贴器械托板，肘关节与器械轴同轴，肘关节微屈，腕关节保持中立位。

（6）身体姿态与稳定：收腹、挺胸、下颌微收、背部挺直。

（7）运动方向与幅度：向上至肘关节充分折叠，使肱二头肌充分收缩，向下至肘关节自然伸直或微屈，配重片不相碰，使肱二头肌持续受力。

（8）安全要求：向上时不要耸肩，向下时肘关节不要过伸，配重片不相碰。整个动作过程中，躯干保持稳定，前后摆动幅度不要过大，不要弓背，上臂始终贴紧器械托板，肘关节与器械轴同轴，腕关节保持中立位。

（9）动作时间：向上2～4秒，向下2～4秒。

（10）呼吸方式：向上向心收缩时呼气，向下离心还原时吸气。

2. 杠铃站姿弯举。★

（1）目标肌肉：肱二头肌。

（2）训练目的：锻炼肱二头肌的力量与耐力。

（3）使用器械：杠铃。

（4）动作设计原理：肱二头肌近固定向心收缩有使前臂在肘关节屈的功能，此动作阻力方向向下，对抗阻力方向向上，在与阻力方向相反的过程中，前臂在肘关节做了一个屈的动作，动作与功能相一致，所以此动作可以锻炼到肱二头肌。

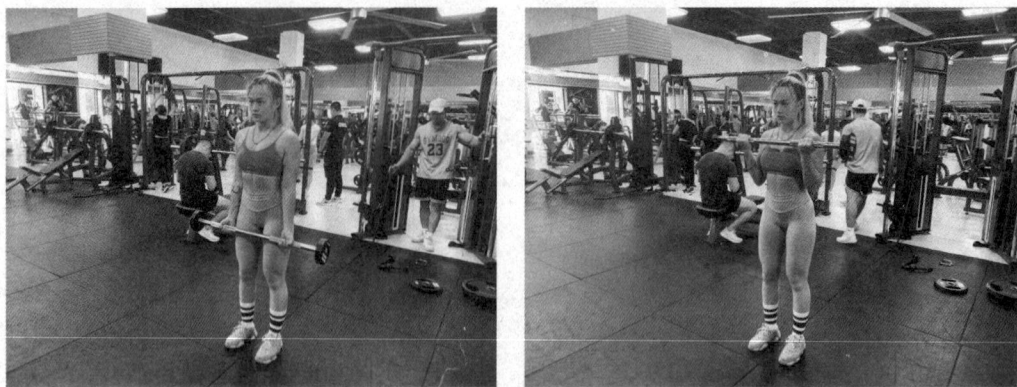

图2-4-3　杠铃站姿弯举

（5）身体位置：选择合适重量的杠铃，两脚左右开立与肩同宽，脚尖稍外展，膝关节自然伸直或微屈朝脚尖方向，骨盆保持中立位，背部挺直，下颌微收，两手比肩略宽反握、闭握杠铃置于大腿前侧，上臂紧贴体侧保持不动，肘关节微屈，腕关节保持中立位。

（6）身体姿态与稳定：收腹、挺胸、下颌微收、背部挺直。

（7）运动方向与幅度：向上至肘关节充分折叠，使肱二头肌充分收缩，向下至肘关节自然伸直或微屈，使肱二头肌持续受力。

（8）安全要求：向上时不要耸肩，向下时肘关节不要过伸。整个动作过程中，躯干保持稳定，前后摆动幅度不要过大，不要弓背，上臂始终贴紧身体两侧，腕关节保持中立位。

（9）动作时间：向上2～4秒，向下2～4秒。

（10）呼吸方式：向上向心收缩时呼气，向下离心还原时吸气。

3.哑铃站姿锤式弯举。★

（1）目标肌肉：肱二头肌。

（2）训练目的：锻炼肱二头肌的力量与耐力。

（3）使用器械：哑铃。

（4）动作设计原理：肱二头肌近固定向心收缩有使前臂在肘关节屈的功能，此动作阻力方向向下，对抗阻力方向向上，在与阻力方向相反的过程中，前臂在肘关节做了一个屈的动作，动作与功能相一致，所以此动作可以锻炼到肱二头肌。

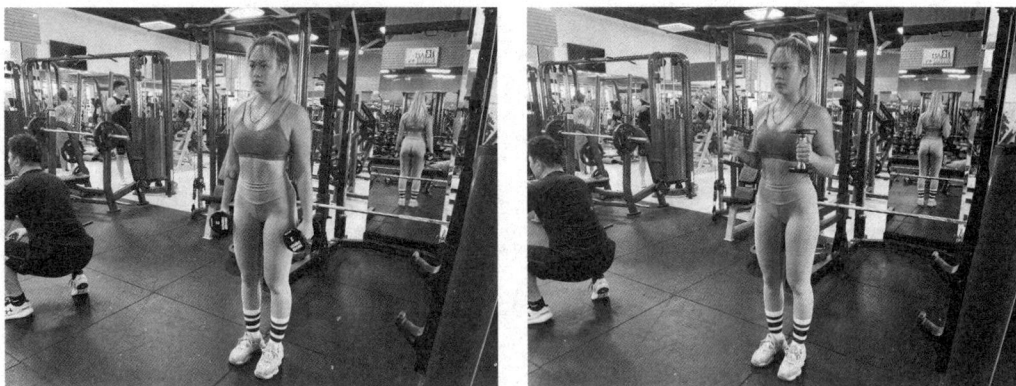

图2-4-4　哑铃站姿锤式弯举

（5）身体位置：选择合适重量的哑铃，两脚左右自然开立，脚尖稍外展，膝关节自然伸直朝脚尖方向，骨盆保持中立位，背部挺直，下颌微收，两手对握、闭握哑铃置于身体两侧，肘关节微屈，腕关节保持中立位。

（6）身体姿态与稳定：收腹、挺胸、下颌微收、背部挺直。

（7）运动方向与幅度：向上至肘关节充分折叠，使肱二头肌充分收缩，向下至肘关节自然伸直或微屈，使肱二头肌持续受力。

（8）安全要求：向上时不要耸肩，向下时肘关节不要过伸。整个动作过程中，躯干保持稳定，前后摆动幅度不要过大，不要弓背，上臂始终贴紧身体两侧，腕关节保持中立位。

（9）动作时间：向上2～4秒，向下2～4秒。

（10）呼吸方式：向上向心收缩时呼气，向下离心还原时吸气。

4.单臂哑铃蹲坐弯举。

（1）目标肌肉：肱二头肌。

（2）训练目的：锻炼肱二头肌的力量与耐力。

（3）使用器械：哑铃。

（4）动作设计原理：肱二头肌近固定向心收缩有使前臂在肘关节屈的功能，此动作阻力方向向下，对抗阻力方向向上，在与阻力方向相反的过程中，前臂在肘关节做了一个屈的动作，动作与功能相一致，所以此动作可以锻炼到肱二头肌。

图2-4-5　单臂哑铃蹲坐弯举

（5）身体位置：坐在训练凳上，两脚左右开立比肩略宽，脚尖稍外展，膝关节自然弯曲朝脚尖方向，背部挺直，下颌微收，俯身向下让上臂肘部贴在同侧大腿内侧，直臂垂直于地面，单手对握、闭握哑铃，肘关节自然伸直或微屈，腕关节保持中立位，另一只手手指向内扶压在另一大腿上。

（6）身体姿态与稳定：收腹、挺胸、下颌微收、背部挺直。

（7）运动方向与幅度：向上至肘关节充分折叠，使肱二头肌充分收缩，向下至肘关节自然伸直或微屈，使肱二头肌持续受力。

（8）安全要求：向上时不要耸肩，向下时肘关节不要过伸。整个动作过程中，躯干保持稳定，不要弓背，上臂始终贴紧身体，腕关节保持中立位。

（9）动作时间：向上2～4秒，向下2～4秒。

（10）呼吸方式：向上向心收缩时呼气，向下离心还原时吸气。

5. 反握引体向上。

（1）目标肌肉：肱二头肌。

（2）训练目的：锻炼肱二头肌的力量与耐力。

（3）使用器械：自身重量。

（4）动作设计原理：肱二头肌远固定向心收缩有使上臂向前臂靠拢的功能，此动作阻力方向向下，对抗阻力方向向上，在与阻力方向相反的过程中，上臂做了一个向前臂靠拢的动作，动作与功能相一致，所以此动作可以锻炼到肱二头肌。

图2-4-6　反握引体向上

（5）身体位置：两手握距与肩同宽，反握、闭握单杠直臂垂直于地面，肘关节自然伸直或微屈，腕关节保持中立位，两腿交叉稳定身体，骨盆保持中立位，背部挺直，下颌微收，从侧面看，耳、肩、髋在一条直线上。

（6）身体姿态与稳定：收腹、挺胸、下颌微收、背部挺直。

（7）运动方向与幅度：向上至肘关节充分折叠，下颌过杠，使肱二头肌充分收缩，向下至肘关节自然伸直或微屈，使肱二头肌持续受力。

（8）安全要求：向上时不要耸肩，下颌超过单杠，向下时肘关节不要过伸。整个动作过程中，躯干保持稳定，不要前后摆动借力，腕关节保持中立位。

（9）动作时间：向上2～4秒，向下2～4秒。

（10）呼吸方式：向上向心收缩时呼气，向下离心还原时吸气。

6.钢线拉力器站姿弯举。

（1）目标肌肉：肱二头肌。

（2）训练目的：锻炼肱二头肌的力量与耐力。

（3）使用器械：钢线拉力器。

（4）动作设计原理：肱二头肌近固定向心收缩有使前臂在肘关节屈的功能，此动作阻力方向向下，对抗阻力方向向上，在与阻力方向相反的过程中，前臂在肘关节做了一个屈的动作，动作与功能相一致，所以此动作可以锻炼到肱二头肌。

图2-4-7 钢线拉力器站姿弯举

（5）身体位置：调整合适的配重片重量，将滑轮调到最低处，面对器械，两脚左右开立与肩同宽，脚尖稍外展，膝关节自然伸直或微屈朝脚尖方向，骨盆保持中立位，背部挺直，下颌微收，两手反握、闭握钢线拉力器杠杆置于身体前侧，握距与肩同宽，肘关节微屈，腕关节保持中立位。

（6）身体姿态与稳定：收腹、挺胸、下颌微收、背部挺直。

（7）运动方向与幅度：向上至肘关节充分折叠，使肱二头肌充分收缩，向下至肘关节自然伸直或微屈，配重片不相碰，使肱二头肌持续受力。

（8）安全要求：向上时不要耸肩，向下肘关节不要过伸，配重片不相碰。整个动作过程中，躯干始终保持稳定，不弯腰弓背，腕关节保持中立位。

（9）动作时间：向上2~4秒，向下2~4秒。

（10）呼吸方式：向上向心收缩时呼气，向下离心还原时吸气。

7. 弹力带弯举。★★

（1）目标肌肉：肱二头肌。

（2）训练目的：锻炼肱二头肌的力量与耐力。

（3）使用器械：弹力带。

（4）动作设计原理：肱二头肌近固定向心收缩有使前臂在肘关节屈的功能，此动作阻力方向向下，对抗阻力方向向上，在与阻力方向相反的过程中，前臂在肘关节做了一个屈的动作，动作与功能相一致，所以此动作可以锻炼到肱二头肌。

图2-4-8 弹力带弯举

（5）身体位置：选择合适张力的弹力带踩于脚下，两脚左右开立与肩同宽，脚尖稍外展，膝关节自然伸直或微屈朝脚尖方向，骨盆保持中立位，背部挺直，下颌微收，两手反握、闭握弹力带置于身体前侧，肘关节微屈，腕关节保持中立位。

（6）身体姿态与稳定：收腹、挺胸、下颌微收、背部挺直。

（7）运动方向与幅度：向上至肘关节充分折叠，使肱二头肌充分收缩，向下至肘关节自然伸直或微屈，弹力带张力不消失，使肱二头肌持续受力。

（8）安全要求：向上时不要耸肩，向下肘关节不要过伸，弹力带张力不消失。整个动作过程中，躯干始终保持稳定，不弯腰弓背，腕关节保持中立位。

（9）动作时间：向上2~4秒，向下2~4秒。

（10）呼吸方式：向上向心收缩时。

8. 两手悬吊后仰臂弯举。★★

（1）目标肌肉：肱二头肌。

（2）训练目的：锻炼肱二头肌的力量与耐力。

（3）使用器械：悬吊系统。

（4）动作设计原理：肱二头肌近固定向心收缩有使前臂在肘关节屈的功能，此动作阻力方向向下，对抗阻力方向向上，在与阻力方向相反的过程中，前臂在肘关节做了一个屈的动作，动作与功能相一致，所以此动作可以锻炼到肱二头肌。

图2-4-9　两手悬吊后仰臂弯举

（5）身体位置：调整合适悬吊系统长度，两手对握、反握悬吊系统手柄，肘关节自然伸直或微屈，两脚左右开立与肩同宽，脚尖稍外展踩实地面，膝关节自然伸直或微屈，骨盆保持中立位，背部挺直，下颌微收，呈平板状，身体后仰至于地面呈45°左右，从侧面看，耳、肩、髋在同一条直线上。

（6）身体姿态与稳定：收腹、挺胸、下颌微收、背部挺直。

（7）运动方向与幅度：向上至肘关节充分折叠，使肱二头肌充分收缩，向下至肘关节自然伸直或微屈，使肱二头肌持续受力。

（8）安全要求：向上时不要耸肩，向下时肘关节不要过伸。整个动作过程中，身体始终保持平板状，保持稳定。

（9）动作时间：向上2~4秒，向下2~4秒。

（10）呼吸方式：向上向心收缩时呼气，向下离心还原时吸气。

二、肱三头肌抗阻训练技能

（一）肱三头肌的位置、起止点与功能

1.位置：上臂后面，有长头、外侧头和内侧头三个头。

2.起止点：长头起自肩胛骨盂下结节，外侧头起自肱骨体后面桡神经沟外上方，内侧头起自桡神经沟内上方，止于尺骨鹰嘴。

3.功能：近固定向心收缩时，使前臂在肘关节处伸、长头还可以使上臂在肩关节处伸；远固定向心收缩时，使上臂在肘关节处伸。

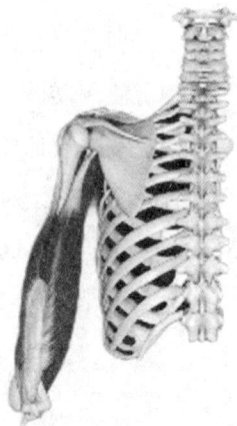

图2-4-10　肱三头肌

（二）肱三头肌抗阻训练方法

1. 器械坐姿臂屈伸。

（1）目标肌肉：肱三头肌。

（2）训练目的：锻炼肱三头肌的力量与耐力。

（3）使用器械：臂屈伸训练器。

（4）动作设计原理：肱三头肌近固定向心收缩有使前臂在肘关节伸的功能，此动作阻力方向向下，对抗阻力方向向上，在与阻力方向相反的过程中，前臂在肘关节做了一个伸的动作，动作与功能相一致，所以此动作可以锻炼到肱三头肌。

图2-4-11　器械坐姿臂屈伸

（5）身体位置：调整合适的配重片重量与座椅位置，坐在器械凳上，脚尖稍外展，膝关节自然弯曲朝脚尖方向，骨盆保持中立位，背部挺直，下颌微收，两手对握、闭握器械把手，肘关节自然弯曲，腕关节保持中立位。

（6）身体姿态与稳定：收腹、挺胸、下颌微收、背部挺直。

（7）运动方向与幅度：向下至肘关节自然伸直或微屈，使肱三头肌充分收缩，向上至肘关节呈90°或略小于90°，配重片不相碰，使肱三头肌持续受力。

（8）安全要求：向上时不要过度屈肘，配重片不要相碰，向下时肘关节不要过伸。整个动作过程中，躯干保持稳定，不要弓背，前后摆动幅度不要过大，保持肩带稳定下沉，腕关节保持中立位。

（9）动作时间：向上2～4秒，向下2～4秒。

（10）呼吸方式：向下向心收缩时呼气，向上离心还原时吸气。

2. 曲杆杠铃仰卧臂屈伸。★

（1）目标肌肉：肱三头肌。

（2）训练目的：锻炼肱三头肌的力量与耐力。

（3）使用器械：曲杆杠铃。

（4）动作设计原理：肱三头肌近固定向心收缩有使前臂在肘关节伸的功能，此动作阻力方向向下，对抗阻力方向向上，在与阻力方向相反的过程中，前臂在肘关节做了一个伸的动作，动作与功能相一致，所以此动作可以锻炼到肱三头肌。

图2-4-12　曲杆杠铃仰卧臂屈伸

（5）身体位置：仰卧平躺在平凳上，两脚自然分开，平放在地板上，膝关节自然弯曲，骨盆保持中立位，头后部、上背部、臀部在凳面上，两手正握、闭握杠铃杆，握距与肩同宽或略窄于肩，直臂持杠铃于胸部上方，上臂保持垂直于地面不动，肘关节自然伸直或微屈，腕关节保持中立位。

（6）身体姿态与稳定：收腹、挺胸、下颌微收、腰部保持正常的生理曲度。

（7）运动方向与幅度：向上至肘关节自然伸直或微屈，使肱三头肌充分收缩，向下至肘关节呈90°或略小于90°，使肱三头肌持续受力。

（8）安全要求：向下时不要过度屈肘，向上时肘关节不要过伸。整个动作过程中，躯干保持稳定，上臂始终保持与地面垂直，腕关节保持中立位。

（9）动作时间：向上2~4秒，向下2~4秒。

（10）呼吸方式：向上向心收缩时呼气，向下离心还原时吸气。

3.单臂哑铃坐姿颈后臂屈伸。★

（1）目标肌肉：肱三头肌。

（2）训练目的：锻炼肱三头肌的力量与耐力。

（3）使用器械：哑铃。

（4）动作设计原理：肱三头肌近固定向心收缩有使前臂在肘关节伸的功能，此动作阻力方向向下，对抗阻力方向向上，在与阻力方向相反的过程中，前臂在肘关节做了一个伸的动作，动作与功能相一致，所以此动作可以锻炼到肱三头肌。

图2-4-13　单臂哑铃坐姿颈后臂屈伸

（5）身体位置：选择合适重量的哑铃，坐在训练凳上，脚尖稍外展，膝关节自然伸直或微屈朝脚尖方向，骨盆保持中立位，背部挺直，下颌微收，一手闭握哑铃，直臂垂直于地面，另一手扶住训练手肘关节稍往上位置，肘关节自然弯曲，腕关节保持中立位。

（6）身体姿态与稳定：收腹、挺胸、下颌微收、背部挺直。

（7）运动方向与幅度：向上至肘关节自然伸直或微屈，使肱三头肌充分收缩，向下至肘关节呈90°或略小于90°，使肱三头肌持续紧张。

（8）安全要求：向上时肘关节不要过伸，向下时不要过度屈肘。整个动作过程中，上臂始终保持与地面垂直，腕关节保持中立位。

（9）动作时间：向上2~4秒，向下2~4秒。

（10）呼吸方式：向上向心收缩时呼气，向下离心还原时吸气。

4.哑铃俯身臂屈伸（单臂）。★

（1）目标肌肉：肱三头肌。

（2）训练目的：锻炼肱三头肌的力量与耐力。

（3）使用器械：哑铃。

（4）动作设计原理：肱三头肌近固定向心收缩有使前臂在肘关节伸的功能，此动作阻力方向向下，对抗阻力方向向上，在与阻力方向相反的过程中，前臂在肘关节做了一个伸的动作，动作与功能相一致，所以此动作可以锻炼到肱三头肌。

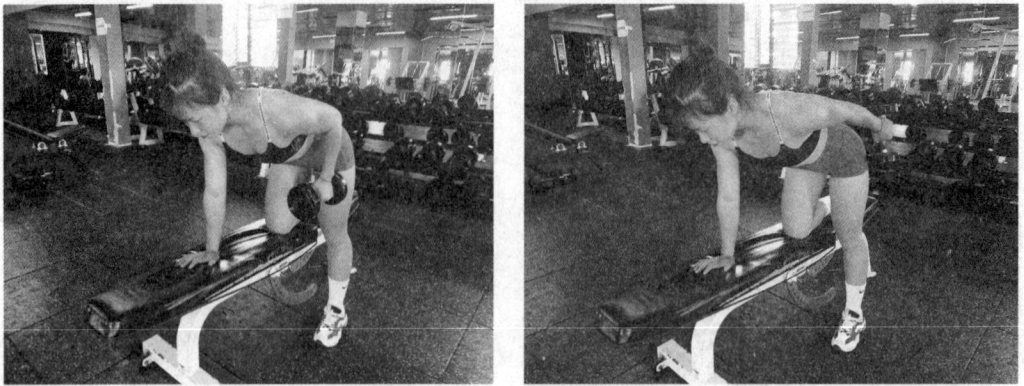

图2-4-14　哑铃俯身臂屈伸

（5）身体位置：选择合适重量的哑铃，俯身于训练凳上，背部挺直，下颌微收，一侧腿跪在训练凳上，另一侧腿直腿撑于地面，跪姿腿的同侧手直臂支撑于训练凳上，另一侧手闭握哑铃，上臂贴近身体与地面平行，前臂垂直于地面，肘关节呈90°，腕关节保持中立位。

（6）身体姿态与稳定：收腹、挺胸、下颌微收、背部挺直。

（7）运动方向与幅度：向上至肘关节自然伸直或微屈，使肱三头肌充分收缩，向下至肘关节呈90°或略小于90°，使肱三头肌持续紧张。

（8）安全要求：向上时肘关节不要过伸，向下时不要过度屈肘。整个动作过程中，使上臂始终紧贴身体与地面平行，腕关节保持中立位。

（9）动作时间：向上2～4秒，向下2～4秒。

（10）呼吸方式：向上向心收缩时呼气，向下离心还原时吸气。

5. 俯卧撑。★

（1）目标肌肉：肱三头肌。

（2）训练目的：锻炼肱三头肌的力量与耐力。

（3）使用器械：自身重量。

（4）动作设计原理：肱三头肌远固定向心收缩有使上臂在肘关节伸的功能，此动作阻力方向向下，对抗阻力方向向上，在与阻力方向相反的过程中，上臂在肘关节做了一个伸的动作，动作与功能相一致，所以此动作可以锻炼到肱三头肌。

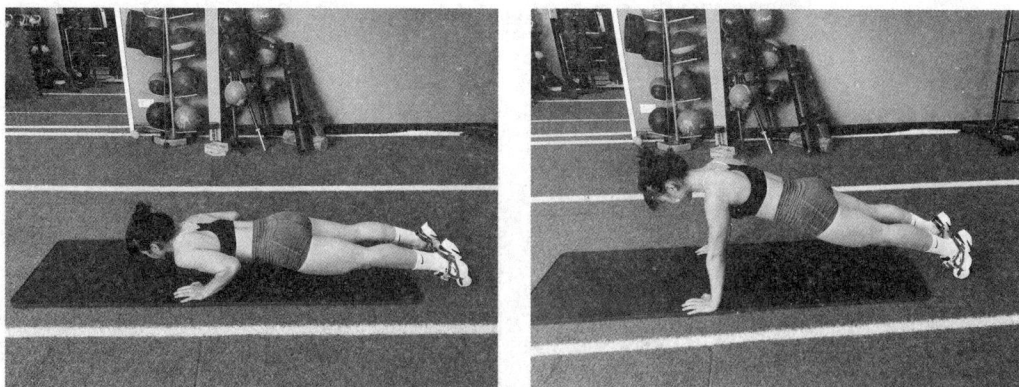

图2-4-15 俯卧撑

（5）身体位置：两手打开比肩稍宽，上臂伸直俯撑于地上，肩关节在腕关节正上方，两脚着地，身体保持一条直线，呈平板状，从侧面看，耳、肩、髋在同一条直线上。

（6）身体姿态与稳定：收腹、挺胸、下颌微收、腰部保持正常的生理曲度。

（7）运动方向与幅度：向下至肘关节与肩关节同高或略高于肩关节，使肱三头肌持续紧张，向上至肘关节自然伸直或微屈，使肱三头肌充分收缩。

（8）安全要求：向上时肘关节不要过伸，向下时肘关节不要高于肩关节过多，胸部不要贴在地面上，肩关节外展不超过90°。整个动作过程中，身体始终保持平板状。

（9）动作时间：向上2～4秒，向下2～4秒。

（10）呼吸方式：向上向心收缩时呼气，向下离心还原时吸气。

6. 高位钢线拉力器站姿胸前下推。★★

（1）目标肌肉：肱三头肌。

（2）训练目的：锻炼肱三头肌的力量与耐力。

（3）使用器械：钢线拉力器。

（4）动作设计原理：肱三头肌近固定向心收缩有使前臂在肘关节伸的功能，此动作阻力方向向上，对抗阻力方向向下，在与阻力方向相反的过程中，前臂在肘关节做了一个伸的动作，动作与功能相一致，所以此动作可以锻炼到肱三头肌。

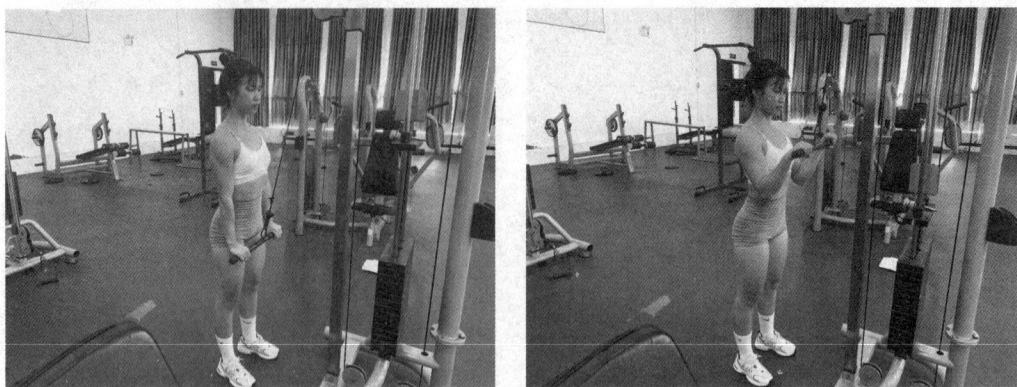

图2-4-16　高位钢线拉力器站姿胸前下推

（5）身体位置：调整合适的配重片重量，将滑轮调到最高处，面对器械，两脚左右开立与肩同宽，脚尖稍外展，膝关节自然伸直或微屈朝脚尖方向，骨盆保持中立位，背部挺直，下颌微收，上臂加紧置于身体两侧，两手正握、闭握钢线拉力器杠杆置于身体前侧，肘关节自然伸直或微屈，腕关节保持中立位。

（6）身体姿态与稳定：收腹、挺胸、下颌微收、背部挺直。

（7）运动方向与幅度：向下至肘关节自然伸直或微屈，使肱三头肌充分收缩，向上至肘关节呈90°或略小于90°，配重片不相碰，使肱三头肌持续受力。

（8）安全要求：向下时肘关节不要过伸，向上时不要过度屈肘，配重片不相碰。整个动作过程中。躯干始终保持稳定，不弯腰弓背，上臂始终夹紧身体，腕关节保持中立位。

（9）动作时间：向上2~4秒，向下2~4秒。

（10）呼吸方式：向下向心收缩时呼气，向上离心还原时吸气。

7. 弹力带单臂屈伸。★★

（1）目标肌肉：肱三头肌。

（2）训练目的：锻炼肱三头肌的力量与耐力。

（3）使用器械：弹力带。

（4）动作设计原理：肱三头肌近固定向心收缩有使前臂在肘关节伸的功能，此动作阻力方向向下，对抗阻力方向向上，在与阻力方向相反的过程中，前臂在肘关节做了一个伸的动作，动作与功能相一致，所以此动作可以锻炼到肱三头肌。

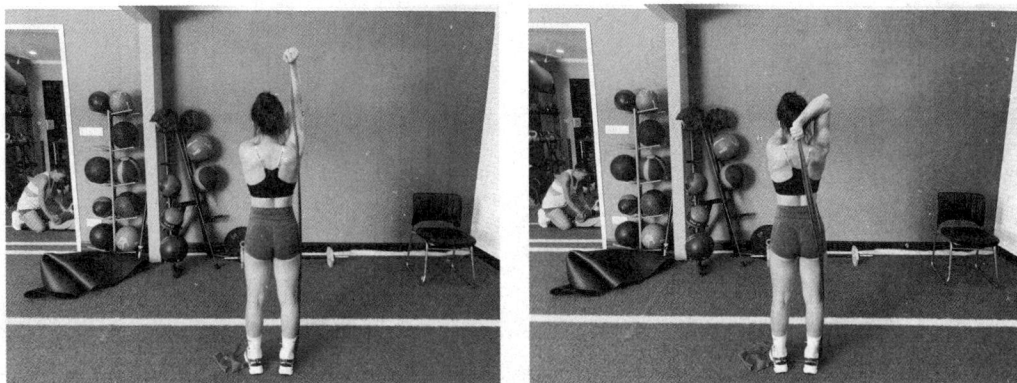

图2-4-17　弹力带单臂屈伸

（5）身体位置：挑选择合适张力的弹力踩于脚下，两脚左右自然开立，膝关节自然伸直朝脚尖方向，骨盆保持中立位，背部挺直，下颌微收，一手闭握弹力带，直臂垂直于地面，肘关节自然伸直，腕关节保持中立位，另一只手扶住训练手肘关节稍往上位置。

（6）身体姿态与稳定：收腹、挺胸、下颌微收、背部挺直。

（7）运动方向与幅度：向上至肘关节自然伸直或微屈，使肱三头肌充分收缩，向下至肘关节呈90°或略小于90°，使肱三头肌持续受力。

（8）安全要求：向上时肘关节不要过伸，向下时不要过度屈肘。整个动作过程中，使上臂稳定与地面垂直，腕关节保持中立位。

（9）动作时间：向上2~4秒，向下2~4秒。

（10）呼吸方式：向上向心收缩时呼气，向下离心还原时吸气。

8.单臂弹力带健身球坐姿颈后臂屈伸。★★

（1）目标肌肉：肱三头肌。

（2）训练目的：锻炼肱三头肌的力量与耐力。

（3）使用器械：弹力带和健身球。

（4）动作设计原理：肱三头肌近固定向心收缩有使前臂在肘关节伸的功能，此动作阻力方向向下，对抗阻力方向向上，在与阻力方向相反的过程中，前臂在肘关节做了一个伸的动作，动作与功能相一致，所以此动作可以锻炼到肱三头肌。

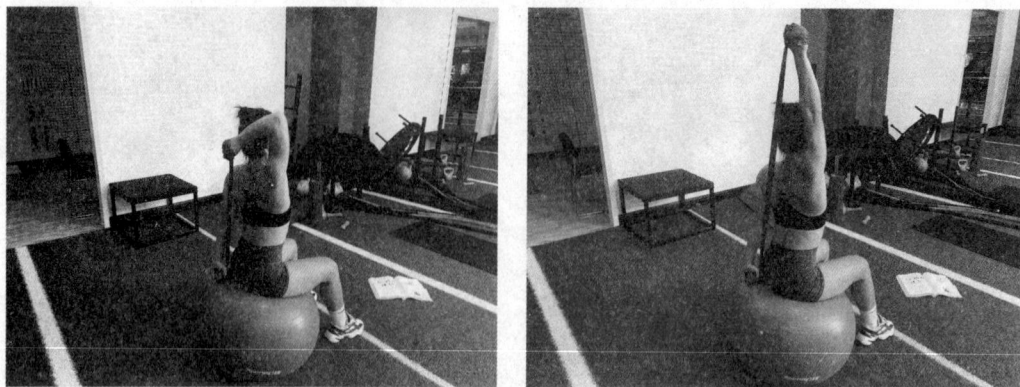

图2-4-18 单臂弹力带健身球坐姿颈后臂屈伸

（5）身体位置：坐在健身球上，两脚左右开立与肩同宽，脚尖稍外展，膝关节自然弯曲朝脚尖方向，骨盆保持中立位，背部挺直，下颌微收，一侧手闭握弹力带紧贴背部，屈肘呈90°，另一侧手闭握弹力带，直臂垂直于地面保持不动，腕关节保持中立位。

（6）身体姿态与稳定：收腹、挺胸、下颌微收、背部挺直。

（7）动作方向与幅度：向上至肘关节自然伸直或微屈，使肱三头肌充分收缩，向下至肘关节呈90°或略小于90°，弹力带张力不消失，使肱三头肌持续受力。

（8）安全要求：向上时肘关节不要过伸，向下时弹力带张力不消失。整个动作过程中，在健身球上躯干保持稳定，不要晃动，发力肌肉上臂始终垂直于地面，腕关节保持中立位。

（9）动作时间：向上2～4秒，向下2～4秒。

（10）呼吸方式：向上向心收缩时呼气，向下离心还原时吸气。

第五节　臀部肌肉抗阻训练技能

臀部肌肉主要包括臀大肌、臀中肌、臀小肌和梨状肌。

一、臀大肌抗阻训练技能

（一）臀大肌的位置、起止点与功能

1.位置：骨盆后外侧，臀部皮下。

2. 起止点：起自于髂骨翼外面及骶、尾骨背面，止于股骨臀肌粗隆和髂胫束。

3. 功能：近固定向心收缩时，使大腿在髋关节处伸和外旋；上部肌纤维可使大腿在髋关节处外展，下部肌纤维可使大腿在髋关节处内收。远固定向心收缩时，一侧收缩，使骨盆转向对侧；两侧收缩时骨盆后倾。

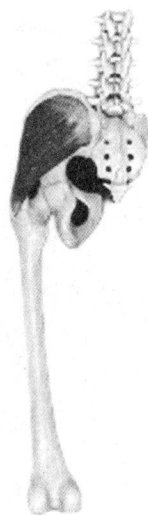

图2-5-1 臀大肌

（二）臀大肌抗阻训练方法

1. 器械坐姿腿推举。★

（1）目标肌肉：臀大肌。

（2）训练目的：锻炼臀大肌的力量与耐力。

（3）使用器械：坐姿腿推举训练器。

（4）动作设计原理：臀大肌近固定向心收缩有使大腿在髋关节伸的功能，此动作阻力方向向下，对抗阻力方向向上，在与阻力方向相反的过程中，大腿在髋关节做了一个伸的动作，动作与功能相一致，所以此动作可以锻炼到臀大肌。

图2-5-2 器械坐姿腿推举

（5）身体位置：调整合适的配重片重量与座椅位置，坐在器械座椅上，两脚左右开立略宽于肩放在踏板上，尖脚稍外展，膝关节自然伸直或微屈朝脚尖方向，背部挺直，下颌微收，头后部、上背部、臀部紧贴椅背，两手对握、闭握器械把手。

（6）身体姿态与稳定：收腹、挺胸、下颌微收、腰部保持正常生理曲度。

（7）动作方向与幅度：向上至膝关节自然伸直或微屈，使臀大肌充分收缩，向下至膝关节屈90°或略小于90°，配重片不相碰，使臀大肌持续受力。

（8）安全要求：向上时膝关节不要过伸，向下时屈膝不要过大，膝关节不超过脚尖，配重片不相碰。整个动作过程中，躯干保持稳定，始终保持膝盖和脚尖的方向一致，不要有内扣和外翻。

（9）动作时间：向上2～4秒，向下2～4秒。

（10）呼吸方式：向上向心收缩时呼气，向下离心还原时吸气。

2. 史密斯机下蹲。★

（1）目标肌肉：臀大肌。

（2）训练目的：锻炼臀大肌的力量与耐力。

（3）使用器械：史密斯机。

（4）动作设计原理：臀大肌近固定向心收缩时有使大腿在髋关节伸、远固定时有使骨盆后倾的功能，此动作阻力方向向下，对抗阻力方向向上，在与阻力方向相反的过程中，大腿在髋关节做了一个伸的动作，骨盆做了一个后倾的动作，动作与功能相一致，所以此动作可以锻炼到臀大肌。

图2-5-3　史密斯机下蹲

（5）身体位置：调整合适的重量的杠铃置于颈后斜方肌上，两手正握、闭握杠铃，握距比肩略宽，两脚左右开立略宽于肩，脚尖稍外展，膝关节自然伸直或微屈朝脚尖方向，骨盆保持中立位，背部挺直，下颌微收。

（6）身体姿态与稳定：收腹、挺胸、下颌微收、背部挺直。

（7）动作方向与幅度：向下至大腿与地面平行，使臀大肌持续受力，向上至膝关节自然伸直或微屈，使臀大肌充分收缩。

（8）安全要求：向下时膝关节不要超过脚尖，向上时膝关节不要过伸。整个动作过程中，始终保持背部挺直，不要弓背或躯干过于前倾，如想停下来立即向前转动杠杆悬挂于史密斯架上。

（9）动作时间：向上2～4秒，向下2～4秒。

（10）呼吸方式：向上向心收缩时呼气，向下离心还原时吸气。

3. 杠铃下蹲。★

（1）目标肌肉：臀大肌。

（2）训练目的：锻炼臀大肌的力量与耐力。

（3）使用器械：杠铃。

（4）动作设计原理：臀大肌近固定向心收缩时有使大腿在髋关节伸、远固定向心收缩时有使骨盆后倾的功能，此动作阻力方向向下，对抗阻力方向向上，在与阻力方向相反的过程中，大腿在髋关节做了一个伸的动作、骨盆做了一个后倾的动作，动作与功能相一致，所以此动作可以锻炼到臀大肌。

图2-5-4 杠铃下蹲

（5）身体位置：调整合适的重量的杠铃置于颈后斜方肌上，两手正握、闭握杠铃，握距比肩略宽，两脚左右开立略宽于肩，脚尖稍外展，膝关节自然伸直或微屈朝脚尖方向，骨盆保持中立位，背部挺直，下颌微收。

（6）身体姿态与稳定：收腹、挺胸、下颌微收、背部挺直。

（7）动作方向与幅度：向下至大腿与地面平行，使臀大肌持续受力，向上至膝关节自然伸直或微屈，使臀大肌充分收缩。

（8）安全要求：向下时膝关节不要超过脚尖，向上时膝关节不要过伸。整个动作过程中，始终保持背部挺直，不要弓背或躯干过于前倾。

（9）动作时间：向上2～4秒，向下2～4秒。

（10）呼吸方式：向上向心收缩时呼气，向下离心还原时吸气。

4. 哑铃下蹲。★

（1）目标肌肉：臀大肌。

（2）训练目的：锻炼臀大肌的力量与耐力。

（3）使用器械：杠铃。

（4）动作设计原理：臀大肌近固定向心收缩时有使大腿在髋关节伸、远固定时有使骨盆后倾的功能，此动作阻力方向向下，对抗阻力方向向上，在与阻力方向相反的过程中，大腿在髋关节做了一个伸的动作、骨盆做了一个后倾的动作，动作与功能相一致，所以此动作可以锻炼到臀大肌。

图2-5-5　哑铃下蹲

（5）身体位置：选择合适重量的哑铃，两手对握、闭握哑铃直臂置于身体前侧，肘关节自然伸直或微屈，腕关节保持中立位，两脚左右开立略宽于肩，脚尖稍外展，膝关节自然伸直或微屈朝脚尖方向，骨盆保持中立位，背部挺直，下颌微收。

（6）身体姿态与稳定：收腹、挺胸、下颌微收、背部挺直。

（7）动作方向与幅度：向下至大腿与地面平行，使臀大肌持续受力，向上至膝关节自然伸直或微屈，使臀大肌充分收缩。

（8）安全要求：向下时膝关节不要超过脚尖，向上时膝关节不要过伸。整个动作过程中，始终保持背部挺直，不要弓背或躯干过于前倾。

（9）动作时间：向上2～4秒，向下2～4秒。

（10）呼吸方式：向上向心收缩时呼气，向下离心还原时吸气。

5. 哑铃后剪蹲。★

（1）目标肌肉：臀大肌。

（2）训练目的：锻炼臀大肌的力量与耐力。

（3）使用器械：哑铃。

（4）动作设计原理：臀大肌近固定向心收缩时有使大腿在髋关节伸的功能，此动作阻力方向向下，对抗阻力方向向上，在与阻力方向相反的过程中，大腿在髋关节做了一个伸的动作，动作与功能相一致，所以此动作可以锻炼到臀大肌。

图2-5-6 哑铃后剪蹲

（5）身体位置：选择合适重量的哑铃，两手对握、闭握哑铃直臂置于身体两侧，肘关节自然伸直或微屈，腕关节保持中立位，两脚左右距离与肩同宽，一腿向后跨一大步，另一腿下蹲至大腿与地面平行，后跨腿膝关节自然弯曲不要触及地面，前腿脚尖朝前，膝关节自然弯曲朝脚尖方向且不超过脚尖，骨盆保持中立位，背部挺直，下颌微收。

（6）身体姿态与稳定：收腹、挺胸、下颌微收、背部挺直。

（7）动作方向与幅度：向下至前腿大腿与地面平行，后腿膝关节自然弯曲，使臀大肌持续受力，向上至前腿膝关节自然伸直或微屈，后腿还原到起始位置，使臀大肌充分收缩。

（8）安全要求：向下时前腿膝关节不要超过脚尖，不要内扣或外翻，后腿膝关节不要着地，向上时前腿膝关节不要过伸。整个动作过程中，躯干保持稳定，不要弓背，躯干不要前倾。

（9）动作时间：向上2～4秒，向下2～4秒。

（10）呼吸方式：向上向心收缩时呼气，向下离心还原时吸气。

6.下蹲。★

（1）目标肌肉：臀大肌。

（2）训练目的：锻炼臀大肌的力量与耐力。

（3）使用器械：自身重量。

（4）动作设计原理：臀大肌近固定向心收缩时有使大腿在髋关节伸、远固定时有使骨盆后倾的功能，此动作阻力方向向下，对抗阻力方向向上，在与阻力方向相反的过程中，大腿在髋关节做了一个伸的动作、骨盆做了一个后倾的动作，动作与功能相一致，所以此动作可以锻炼到臀大肌。

图2-5-7　下蹲

（5）身体位置：两脚左右开立略宽于肩，脚尖稍外展，膝关节自然伸直朝脚尖方向，骨盆保持中立位，背部挺直，下颌微收，双臂交叉置于胸前，平行于地面。

（6）身体姿态与稳定：收腹、挺胸、下颌微收、背部挺直。

（7）动作方向与幅度：向下至大腿与地面平行，使臀大肌持续受力，向上至膝关节自然伸直或微屈，使臀大肌充分收缩。

（8）安全要求：向下时膝关节不要超过脚尖，向上时膝关节不要过伸。整个动作过程中，始终保持背部挺直，不要弓背或躯干过于前倾。

（9）动作时间：向上2～4秒，向下2～4秒。

（10）呼吸方式：向上向心收缩时呼气，向下离心还原时吸气。

7. 前剪蹲。★

（1）目标肌肉：臀大肌。

（2）训练目的：锻炼臀大肌的力量与耐力。

（3）使用器械：自身重量。

（4）动作设计原理：臀大肌近固定向心收缩时有使大腿在髋关节处伸的功能，此动作阻力方向向下，对抗阻力方向向上，在与阻力方向相反的过程中，大腿在髋关节处做了一个伸的动作，动作与功能相一致，所以此动作可以锻炼到臀大肌。

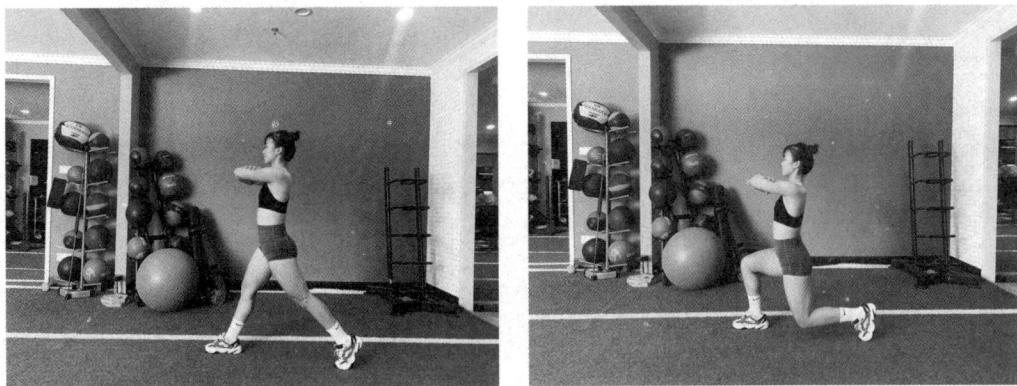

图2-5-8　前剪蹲

（5）身体位置：两脚左右开立与肩同宽，一腿向前跨一大步下蹲至大腿与地面平行，膝关节自然弯曲朝脚尖方向且不超过脚尖，后腿膝关节自然弯曲不要触及地面，骨盆保持中立位，背部挺直，下颌微收，两手叉腰，肘关节自然弯曲。

（6）身体姿态与稳定：收腹、挺胸、下颌微收、背部挺直。

（7）动作方向与幅度：向下至前腿大腿与地面平行，后腿膝关节自然弯曲，使臀大肌持续受力，向上至前腿还原到起始位置，前腿膝关节自然伸直或微屈，使臀大肌充分收缩。

（8）安全要求：向下时前腿膝关节不要超过脚尖，后腿膝关节不要着地，向上时前腿膝关节不要过伸。整个动作过程中，躯干保持稳定，不要弓背，躯干不要前倾。

（9）动作时间：向上2～4秒，向下2～4秒。

（10）呼吸方式：向上向心收缩时呼气，向下离心还原时吸气。

8. 后剪蹲。★

（1）目标肌肉：臀大肌。

（2）训练目的：锻炼臀大肌的力量与耐力。

（3）使用器械：自身重量。

（4）动作设计原理：臀大肌近固定向心收缩时有使大腿在髋关节伸的功能，此动作阻力方向向下，对抗阻力方向向上，在与阻力方向相反的过程中，大腿在髋关节做了一个伸的动作，动作与功能相一致，所以此动作可以锻炼到臀大肌。

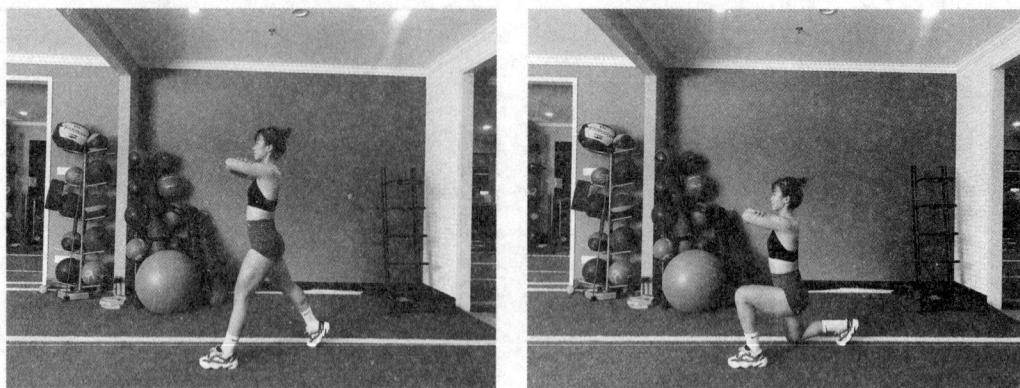

图2-5-9 后剪蹲

（5）身体位置：两脚左右开立与肩同宽，一腿向后跨一大步，另一腿下蹲至大腿与地面平行，后跨腿膝关节自然弯曲不要触及地面，前腿脚尖朝前，膝关节自然弯曲朝脚尖方向且不超过脚尖，骨盆保持中立位，背部挺直，下颌微收。

（6）身体姿态与稳定：收腹、挺胸、下颌微收、背部挺直。

（7）动作方向与幅度：向下至前腿大腿与地面平行，后腿膝关节自然弯曲，使臀大肌持续受力，向上至前腿膝关节自然伸直或微屈，后腿还原到起始位置，使臀大肌充分收缩。

（8）安全要求：向下时前腿膝关节不要超过脚尖，后腿膝关节不要着地，向上时前腿膝关节不要过伸。整个动作过程中，躯干保持稳定，不要弓背，躯干不要前倾。

（9）动作时间：向上2~4秒，向下2~4秒。

（10）呼吸方式：向上向心收缩时呼气，向下离心还原时吸气。

9.钢线拉力器剪蹲。

（1）目标肌肉：臀大肌。

（2）训练目的：锻炼臀大肌的力量与耐力。

（3）使用器械：钢线拉力器。

（4）动作设计原理：臀大肌近固定向心收缩时有使大腿在髋关节伸的功能，此动作阻力方向向前下，对抗阻力方向向后上，在与阻力方向相反的过程中，大腿在髋关节做了一个伸的动作，动作与功能相一致，所以此动作可以锻炼到臀大肌。

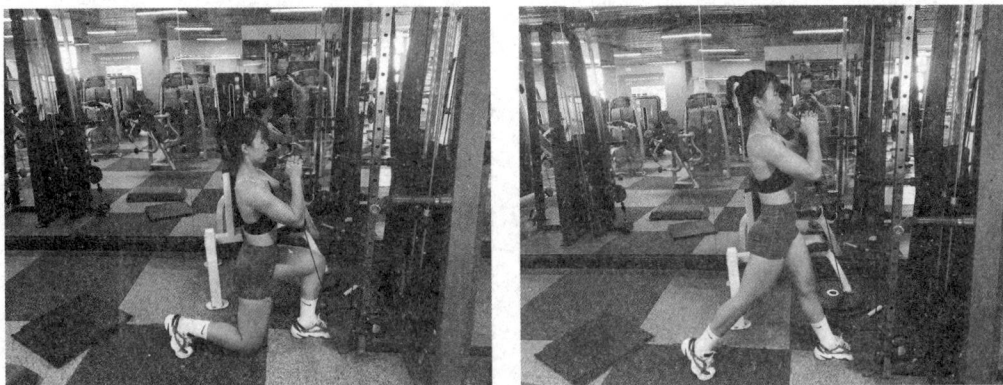

图2-5-10 钢线拉力器剪蹲

（5）身体位置：调整合适的配重片重量，将器械滑轮调到最下方，两脚左右开立与髋同宽，一腿向后跨一大步，前腿下蹲至大腿与地面平行，后跨腿膝关节自然弯曲不要触及地面，前腿脚尖朝前，膝关节自然弯曲朝脚尖方向且不超过脚尖，骨盆保持中立位，背部挺直，躯干垂直于地面，下颌微收，两手相叠对握、闭握拉力器把手，肘关节自然弯曲置于胸前，腕关节保持中立。

（6）身体姿态与稳定：收腹、挺胸、下颌微收、背部挺直。

（7）动作方向与幅度：向后上至前腿膝关节自然伸直或微屈，后腿膝关节自然弯曲，使臀大肌持续受力，向前下至前腿大腿与地面平行，后腿还原到起始位置，使臀大肌充分收缩。

（8）安全要求：向后上时前腿膝关节不要过伸，不要内扣或外翻，后腿膝关节不要着地，向前下时前腿膝关节不要超过脚尖。整个动作过程中，躯干保持稳定，不要弓背，躯干不要前倾。

（9）动作时间：向前下2～4秒，向后上2～4秒。

（10）呼吸方式：向前下向心收缩时呼气，后上离心还原时吸气。

10. 弹力带下蹲。★★

（1）目标肌肉：臀大肌。

（2）训练目的：锻炼臀大肌的力量与耐力。

（3）使用器械：弹力带。

（4）动作设计原理：臀大肌近固定向心收缩时有使大腿在髋关节伸、远固定时有使骨盆后倾的功能，此动作阻力方向向下，对抗阻力方向向上，在与阻力方向相反的过程中，大腿在髋关节做了一个伸的动作、骨盆做了一个后倾的动作，动作与功能相一致，所以此动作可以锻炼到臀大肌。

图2-5-11　弹力带下蹲

（5）身体位置：选择合适张力的弹力带踩于脚下，两脚左右开立略宽于肩，脚尖稍外展，膝关节自然伸直或微屈朝脚尖方向，骨盆保持中立位，背部挺直，下颌微收，两手闭握、对握弹力带置于两肩之上。

（6）身体姿态与稳定：收腹、挺胸、下颌微收、背部挺直。

（7）动作方向与幅度：向下至大腿与地面平行，弹力带张力不消失，使臀大肌持续受力，向上至膝关节自然伸直或微屈，使臀大肌充分收缩。

（8）安全要求：向下时膝关节不要超过脚尖，不要内扣或外翻，弹力带张力不消失，向上时膝关节不要过伸。整个动作过程中，始终保持背部挺直，不要弓背或躯干过于前倾。

（9）动作时间：向上2~4秒，向下2~4秒。

（10）呼吸方式：向上向心收缩时呼气，向下离心还原时吸气。

11. 单腿悬吊下蹲。★★

（1）目标肌肉：臀大肌。

（2）训练目的：锻炼臀大肌的力量与耐力。

（3）使用器械：悬吊系统。

（4）动作设计原理：臀大肌向心收缩近固定时有使大腿在髋关节伸的功能，此动作阻力方向向下，对抗阻力方向向上，在与阻力方向相反的过程中，大腿在髋关节做了一个伸的动作，动作与功能相一致，所以此动作可以锻炼到臀大肌。

图2-5-12　单腿悬吊下蹲

（5）身体位置：选择合适的位置背对悬吊系统，将一腿踝关节稍往上位置固定在悬吊系统上，膝关节自然弯曲且不触及及地面，另一腿自然伸直或微屈踩实地面，骨盆保持中立位，背部挺直，下颌微收，两手叉腰，肘关节自然弯曲。

（6）身体姿态与稳定：收腹、挺胸、下颌微收、背部挺直。

（7）动作方向与幅度：向下至前腿大腿与地面平行，使臀大肌持续受力，向上至前腿膝关节自然伸直或微屈，使臀大肌充分收缩。

（8）安全要求：向下时前面腿大腿与地面平行，膝关节不要超过脚尖，向上时前面腿不要过伸。整个动作过程中，躯干保持稳定，背部挺直，躯干始终垂直于地面，悬挂腿保持稳定，不要晃动。

（9）动作时间：向上2~4秒，向下2~4秒。

（10）呼吸方式：向上向心收缩时呼气，向下离心还原时吸气。

二、臀中肌和臀小肌抗阻训练技能

（一）臀中肌和臀小肌的位置、起止点与功能

1. 位置：髂骨翼外面，臀中肌后部位于臀大肌深层，臀小肌位于臀中肌深层。

2. 起止点：起自于髂骨翼外面，止于股骨大转子。

3. 功能：近固定向心收缩时，使大腿在髋关节处外展；前部使大腿在髋关节处屈和内旋，后部使大腿在髋关节处伸和外旋。远固定向心收缩时，一侧收缩，使骨盆转向同侧倾，两侧肌纤维收缩，时骨盆前倾，后部肌纤维收

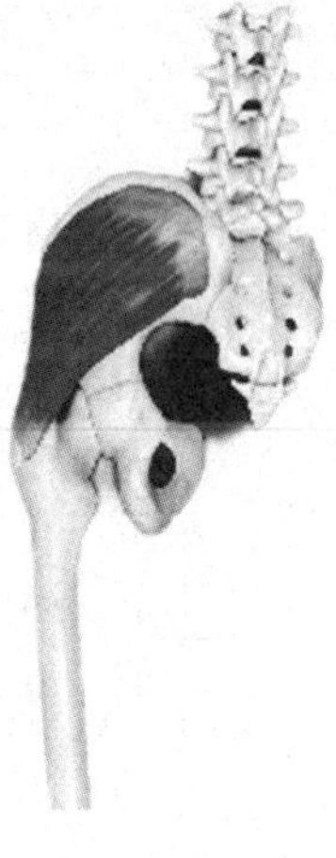

图2-5-13　臀中肌和臀小肌

缩使骨盆后倾。

（二）臀中肌和臀小肌抗阻训练方法

1. 侧卧外摆腿。

（1）目标肌肉：臀中肌（臀小肌）。

（2）训练目的：锻炼臀中肌（臀小肌）的力量与耐力。

（3）使用器械：自身重量。

（4）动作设计原理：臀中肌（臀小肌）近固定向心收缩有使大腿在髋关节外展的功能，此动作阻力方向向下，对抗阻力方向向上，在与阻力方向相反的过程中，大腿在髋关节做了一个外展的动作，动作与功能相一致，所以此动作可以锻炼到臀中肌（臀小肌）。

图2-5-14 侧卧外摆腿

（5）身体位置：身体侧卧于垫子上，下面手臂自然弯曲枕于头下，上面手臂自然弯曲撑于地面，稳定身体。两腿自然伸直，骨盆保持中立位，背部挺直，踝关节保持中立位。

（6）身体姿态与稳定：收腹、挺胸、下颌微收、背部挺直。

（7）运动方向与幅度：向上至大腿外展45°，使臀中肌（臀小肌）充分收缩，向下至大腿接近地面，使臀中肌（臀小肌）持续受力。

（8）安全要求：向下至大腿靠近地面而不贴近地面，向上至大腿外展不超过45°。整个动作过程中，躯干保持稳定，不要弓背，骨盆保持中立位。

（9）动作时间：向上2~4秒，向下2~4秒。

（10）呼吸方式：向上向心收缩时呼气，向下离心还原时吸气。

2. 钢线拉力器站姿外摆腿。

（1）目标肌肉：臀中肌（臀小肌）。

（2）训练目的：锻炼臀中肌（臀小肌）的力量与耐力。

（3）使用器械：钢线拉力器。

（4）动作设计原理：臀中肌（臀小肌）近固定向心收缩有使大腿在髋关节外展的功能，此动作阻力方向向内，对抗阻力方向向外，在与阻力方向相反的过程中，大腿在髋关节做了一个外展的动作，动作与功能相一致，所以此动作可以锻炼到臀中肌（臀小肌）。

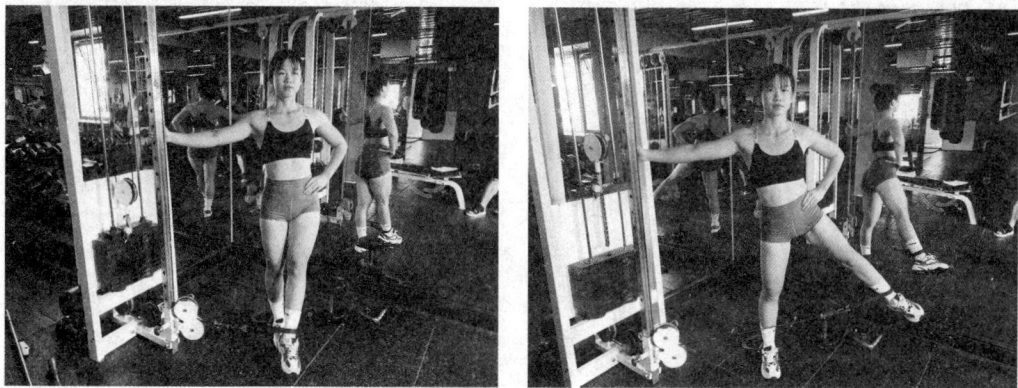

图2-5-15 钢线拉力器站姿外摆腿

（5）身体位置：调整合适的配重片重量，将滑轮调到最低位，侧对滑轮，两脚自然站立，脚尖朝前，膝关节自然伸直或微屈朝脚尖方向，骨盆保持中立位，背部挺直，下颌微收，将拉力器固定在训练腿踝关节稍往上位置，一手扶住器械杠杆，另一手自然垂放在体侧。

（6）身体姿态与稳定：收腹、挺胸、下颌微收、背部挺直。

（7）运动方向与幅度：向内至配重片不相碰，使臀中肌（臀小肌）持续受力，向外至大腿与地面呈45°，使臀中肌（臀小肌）充分收缩。

（8）安全要求：向内至配重片不相碰，向外至大腿外展不超过45°。整个动作过程中，躯干保持稳定，骨盆保持中立位，不要弓背，膝关节不要过伸。

（9）动作时间：向内2～4秒，向外2～4秒。

（10）呼吸方式：向外向心收缩时呼气，向内离心还原时吸气。

3. 弹力带站姿外摆腿。

（1）目标肌肉：臀中肌（臀小肌）。

（2）训练目的：锻炼臀中肌（臀小肌）的力量与耐力。

（3）使用器械：弹力带。

（4）动作设计原理：臀中肌（臀小肌）近固定向心收缩有使大腿在髋关节外展的功能，此动作阻力方向向内，对抗阻力方向向外，在与阻力方向相反的过程中，大腿在髋关节做了一个外展的动作，动作与功能相一致，所以此动作可以锻炼到臀中肌（臀小肌）。

图2-5-16 弹力带站姿外摆腿

（5）身体位置：选择合适张力的弹力带固定在与踝关节同高的固定物上，身体侧对弹力带并保持合适的位置，将弹力带固定在训练腿的踝关节稍往上位置，两脚自然站立，脚尖朝前，膝关节自然伸直或微屈朝脚尖方向，骨盆保持中立位，背部挺直，下颌微收，一手扶住固定物，另一手自然垂放在体侧。

（6）身体姿态与稳定：收腹、挺胸、下颌微收、背部挺直。

（7）运动方向与幅度：向内至弹力带张力不消失，使臀中肌（臀小肌）持续受力，向外至大腿与地面呈45°，使臀中肌（臀小肌）充分收缩。

（8）安全要求：向内至弹力带张力不消失，向外至大腿外展不超过45°。整个动作过程中，躯干保持稳定，骨盆保持中立位，不要弓背，膝关节不要过伸。

（9）动作时间：向内2~4秒，向外2~4秒。

（10）呼吸方式：向外向心收缩时呼气，向内离心还原时吸气。

第六节 腿部肌肉抗阻训练技能

腿部肌肉包括大腿肌和小腿肌两个部分。大腿肌包括前外侧群、后群和内侧群。前外侧群包括股四头肌、缝匠肌、阔肌膜张肌；后群又称股后肌群，包括股二头肌、半腱肌和半膜肌；内侧群又称大腿内收肌群，包括耻骨肌、长收肌、短收肌、大收肌和股薄肌。小腿肌包括前群、后群和外侧群，其中后群的小腿三头肌包括比目鱼肌和腓肠肌。

一、股四头肌抗阻训练技能

（一）股四头肌的位置、起止点与功能

1.位置：大腿前面，有4个头。

2.起点：股直肌起自髂前下棘，股中肌起自股骨体前面，股外侧肌起自股骨粗线外侧唇，股内侧肌起自股骨粗线内侧唇，四个头合并成一条肌腱，包绕髌骨，向下形成髌韧带止于胫骨粗隆。

3.功能：近固定向心收缩时，股直肌可使大腿在髋关节处屈，整体收缩使小腿在膝关节处伸；远固定向心收缩时，使大腿在膝关节处伸，维持人体直立姿势。

图2-6-1 股四头肌

（二）股四头肌抗阻训练方法

1.股四头肌抗阻训练方法同臀大肌抗阻训练方法。

利用股四头肌的功能设计动作：近固定向心收缩时，小腿在膝关节处屈；远固定向心收缩时，大腿在膝关节处屈的功能。

2.器械腿屈伸。★

（1）目标肌肉：股四头肌。

（2）训练目的：锻炼股四头肌的力量与耐力。

（3）使用器械：腿屈伸训练器。

（4）动作设计原理：股四头肌近固定向心收缩有使小腿在膝关节伸的功能，此动作阻力方向向下，对抗阻力方向向上，在与阻力方向相反的过程中，小腿在膝关节做

了一个伸的动作，动作与功能相一致，所以此动作可以锻炼到股四头肌。

图2-6-2　器械腿屈伸

（5）身体位置：调整合适的配重片重量与坐垫、滚筒位置，坐在器械座椅上，两脚左右自然开立，踝关节稍往上位置抵住挡筒，脚尖朝前，屈膝呈90°，背部挺直，下颌微收，上背部、臀部紧贴椅背，两手对握、闭握器械把手。

（6）身体姿态与稳定：收腹、挺胸、下颌微收、腰部保持正常生理曲度。

（7）动作方向与幅度：向上时膝关节自然伸直或微屈，向下时屈膝呈90°，配重片不相碰。

（8）安全要求：向上时膝关节不要过伸，向下时配重片不相碰。整个动作过程中，躯干保持稳定，器械轴与膝关节同轴。

（9）动作时间：向上2～4秒，向下2～4秒。

（10）呼吸方式：向上向心收缩时呼气，向下离心还原时吸气。

二、股后肌群抗阻训练技能

（一）股后肌群的位置、起止点与功能

1. 位置：股二头肌位于大腿后外侧浅层，有长、短两个头。半腱肌和半膜肌位于大腿后内侧，半膜肌在半腱肌深层。半腱肌下半部为腱，半膜肌上半部为腱膜。

2. 起止点：股二头肌长头起自坐骨结节，短头起自股骨粗线外侧唇下半部，止于腓骨头。半腱肌和半膜肌起自坐骨结节，半腱肌止于胫骨上端内侧，半膜肌止于胫骨内侧踝后面。

图2-6-3　股后肌群

3. 功能：股二头肌近固定向心收缩使小腿在膝关节处屈和外旋，长头还可使髋关节伸；远固定向心收缩时，两侧收缩使大腿在膝关节处屈；当小腿伸直时，使骨盆后倾。半腱肌和半膜肌近固定向心收缩使小腿在膝关节屈和内旋，还可以使大腿在髋关节处伸；远固定向心收缩时，两侧收缩使大腿在膝关节处屈；当小腿伸直时，使骨盆后倾。

（二）股后肌群抗阻训练方法

1. 器械俯卧腿弯举。★

（1）目标肌肉：股后肌群（股二头肌、半腱肌、半膜肌）。

（2）训练目的：锻炼股后肌群（股二头肌、半腱肌、半膜肌）的力量与耐力。

（3）使用器械：股后肌群训练器。

（4）动作设计原理：股后肌群（股二头肌、半腱肌、半膜肌）近固定向心收缩有使小腿在膝关节屈的功能，此动作阻力方向向下，对抗阻力方向向上，在与阻力方向相反的过程中，小腿在膝关节做了一个屈的动作，动作与功能相一致，所以此动作可以锻炼到股后肌群（股二头肌、半腱肌、半膜肌）。

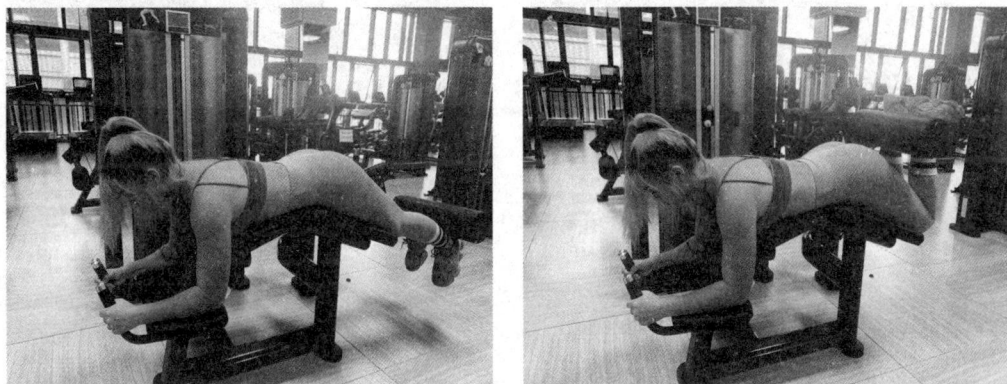

图2-6-4 器械俯卧腿弯举

（5）身体位置：调整合适的配重片重量与器械挡筒位置，俯卧在器械凳上，两膝对准器械活动轴，两脚踝关节稍往上位置抵住挡筒垫下部，膝关节自然伸直或微屈，骨盆保持中立位，背部挺直，下颌微收，两手对握、闭握器械把手。

（6）身体姿态与稳定：收腹、挺胸、背部挺直、下颌微收。

（7）动作方向与幅度：向上至大小腿充分折叠，使股后肌群（股二头肌、半腱肌、半膜肌）充分收缩，向下至膝关节微屈，配重片不相碰，使股后肌群（股二头肌、半腱肌、半膜肌）持续受力。

（8）安全要求：向上时不要靠惯性和爆发力，向下时膝关节不要过伸，配重片不相碰。整个动作过程中，保持躯干稳定，两膝关节始终与器械轴同轴，脚尖要平行向前，膝关节和脚尖方向一致，保持身体稳定，臀部不要上翘。

（9）动作时间：向上2~4秒，向下2~4秒。

（10）呼吸方式：向上向心收缩时呼气，向下离心还原时吸气。

2.杠铃直膝硬拉。★

（1）目标肌肉：股后肌群（股二头肌、半腱肌、半膜肌）。

（2）训练目的：锻炼股后肌群（股二头肌、半腱肌、半膜肌）的力量与耐力。

（3）使用器械：杠铃。

（4）动作设计原理：股后肌群（股二头肌、半腱肌、半膜肌）远固定向心收缩，当小腿伸直时，有使骨盆后倾的功能，此动作阻力方向向下，对抗阻力方向向上，在与阻力方向相反的过程中，骨盆做了一个后倾的动作，动作与功能相一致，所以此动作可以锻炼到股后肌群（股二头肌、半腱肌、半膜肌）。

图2-6-5　杠铃直膝硬拉

（5）身体位置：两脚左右开立与肩同宽，脚尖稍外展，膝关节自然伸直或微屈朝脚尖方向，骨盆保持中立位，背部挺直，下颌微收，两手正握、闭握杠铃，握距比肩略宽置于身体前侧，肘关节自然伸直或微屈，腕关节保持中立位。

（6）身体姿态与稳定：收腹、挺胸、背部挺直、下颌微收。

（7）动作方向与幅度：向下至杠铃略低于膝关节，俯身与地面呈40°，使股二头肌持续受力，向上至身体自然直立状态，使股二头肌充分收缩。

（8）安全要求：向上时不摆动借力，身体不要过伸，向下时不要过度俯身。整个动作过程中，背部挺直，膝、肘关节不要过屈与过伸，腕关节保持中立位。

（9）动作时间：向上2~4秒，向下2~4秒。

（10）呼吸方式：向上向心收缩时呼气，向下离心还原时吸气。

3.哑铃直膝硬拉。

（1）目标肌肉：股后肌群（股二头肌、半腱肌、半膜肌）。

（2）训练目的：锻炼股后肌群（股二头肌、半腱肌、半膜肌）的力量与耐力。

（3）使用器械：哑铃。

（4）动作设计原理：股后肌群（股二头肌、半腱肌、半膜肌）远固定向心收缩，当小腿伸直时，有使骨盆后倾的功能，此动作阻力方向向下，对抗阻力方向向上，在与阻力方向相反的过程中，骨盆做了一个后倾的动作，动作与功能相一致，所以此动作可以锻炼到股后肌群（股二头肌、半腱肌、半膜肌）。

图2-6-6 哑铃直膝硬拉

（5）身体位置：两脚左右开立与肩同宽，脚尖稍外展，膝关节自然伸直或微屈朝脚尖方向，骨盆保持中立位，背部挺直，下颌微收，两手正握、闭握哑铃置于身体前侧，肘关节自然伸直或微屈，腕关节保持中立位。

（6）身体姿态与稳定：收腹、挺胸、背部挺直、下颌微收。

（7）动作方向与幅度：向下至哑铃略低于膝关节，俯身与地面呈40°，使股后肌群（股二头肌、半腱肌、半膜肌）持续受力，向上至身体自然直立状态，使股后肌群（股二头肌、半腱肌、半膜肌）充分收缩。

（8）安全要求：向上时不摆动借力，身体不要过伸，向下时不要过度俯身。整个动作过程中，背部挺直，膝、肘关节不要过屈与过伸，腕关节保持中立位。

（9）动作时间：向上2~4秒，向下2~4秒。

（10）呼吸方式：向上向心收缩时呼气，向下离心还原时吸气。

4.健身球仰卧腿弯举。

（1）目标肌肉：股后肌群（股二头肌、半腱肌、半膜肌）。

（2）训练目的：锻炼股后肌群（股二头肌、半腱肌、半膜肌）的力量与耐力。

（3）使用器械：健身球。

（4）动作设计原理：股后肌群（股二头肌、半腱肌、半膜肌）近固定向心收缩有使膝关节屈的功能，此动作阻力方向向下，对抗阻力方向向上，在与阻力方向相反的过程中，小腿在膝关节做了一个屈的动作，动作与功能相一致，所以此动作可以锻炼到股后肌群（股二头肌、半腱肌、半膜肌）。

图2-6-7 健身球仰卧腿弯举

（5）身体位置：仰卧平躺在瑜伽垫上，两脚左右自然开立，脚尖朝上，两手放在身体两侧，掌心朝下，骨盆保持中立位，背部挺直，下颌微收，将双腿抬起将踝关节稍往上位置置于健身球上，脚尖朝上，身体保持挺直。

（6）身体姿态与稳定：收腹、挺胸、背部挺直、下颌微收。

（7）动作方向与幅度：向上至膝关节呈90°，使股后肌群（股二头肌、半腱肌、半膜肌）充分收缩，向下至膝关节自然伸直或微屈，使股后肌群（股二头肌、半腱肌、半膜肌）持续受力。

（8）安全要求：向上时屈膝角度不要太小，向下时膝关节不要过伸。整个动作过程中，保持躯干稳定，脚尖要平行向前，膝关节和脚尖方向一致，躯干挺直，臀部不要上翘。

（9）动作时间：向上2~4秒，向下2~4秒。

（10）呼吸方式：向上向心收缩呼气，向下离心还原吸气。

5. 弹力带直膝硬拉。★★

（1）目标肌肉：股后肌群（股二头肌、半腱肌、半膜肌）。

（2）训练目的：锻炼股后肌群（股二头肌、半腱肌、半膜肌）的力量与耐力。

（3）使用器械：弹力带。

（4）动作设计原理：股后肌群（股二头肌、半腱肌、半膜肌）远固定向心收缩，当小腿伸直时，有使骨盆后倾的功能，此动作阻力方向向下，对抗阻力方向向上，在与阻力方向相反的过程中，骨盆做了一个后倾的动作，动作与功能相一致，所以此动作可以锻炼到股后肌群（股二头肌、半腱肌、半膜肌）。

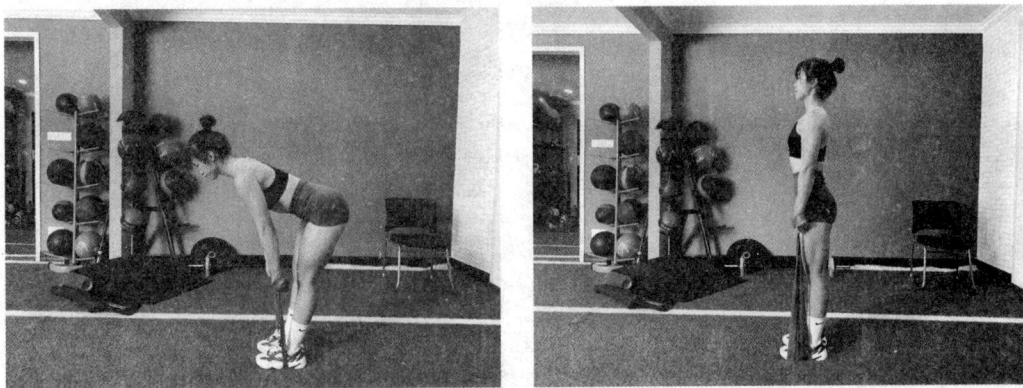

图2-6-8 弹力带直膝硬拉

（5）身体位置：选择合适张力的弹力带踩于脚下，两脚左右开立与肩同宽，脚尖稍外展，膝关节自然伸直朝脚尖方向，背部挺直，俯身与地面呈40°，下颌微收，两手对握、闭握弹力带，置于身体两侧，肘关节自然伸直或微屈，腕关节保持中立位。

（6）身体姿态与稳定：收腹、挺胸、背部挺直、下颌微收。

（7）动作方向与幅度：向下至俯身与地面呈40°，使股后肌群（股二头肌、半腱肌、半膜肌）持续受力，向上至身体自然直立状态，使股后肌群（股二头肌、半腱肌、半膜肌）充分收缩。

（8）安全要求：向上时脊柱、膝关节不要过伸，向下时膝关节不要过屈，弹力带张力不消失。整个动作过程中，躯干始终保持稳定，肘关节不要过伸，腕关节保持中立位。

（9）动作时间：向上2～4秒，向下2～4秒。

（10）呼吸方式：向上向心收缩时呼气，向下离心还原时吸气。

6. 钢线拉力器后摆腿。

（1）目标肌肉：股后肌群（股二头肌、半腱肌、半膜肌）。

（2）训练目的：锻炼股后肌群（股二头肌、半腱肌、半膜肌）的力量与耐力。

（3）使用器械：钢线拉力器。

（4）动作设计原理：股后肌群（股二头肌、半腱肌、半膜肌）近固定向心收缩有使大腿在髋关节伸的功能，此动作阻力方向向前，对抗阻力方向向后，在与阻力方向相反的过程中，大腿在髋关节做了伸的动作，动作与功能相一致，所以此动作可以锻炼到股后肌群（股二头肌、半腱肌、半膜肌）。

图2-6-9　钢线拉力器后摆腿

（5）身体位置：面对龙门架站立，两脚左右自然开立，脚尖稍外展，膝关节自然伸直朝脚尖方向，骨盆保持中立位，背部挺直，下颌微收，将拉力器套带固定在训练腿踝关节稍往上的位置，膝关节自然伸直或微屈，两手抓住龙门架竖杆稳定身体，肘关节自然弯曲，腕关节保持中立位。

（6）身体姿态与稳定：收腹、挺胸、下颌微收、背部挺直。

（7）运动方向与幅度：向后至大腿与地面呈45°，使股后肌群（股二头肌、半腱肌、半膜肌）充分收缩，向前至大腿与地面接近垂直，配重片不相碰，使股后肌群（股二头肌、半腱肌、半膜肌）持续紧张。

（8）安全要求：向后时大腿与身体夹角不要过大，向前时配重片不相碰。整个动作过程中，躯干始终保持稳定，膝关节不要过伸或过屈，踝关节保持中立位。

（9）动作时间：向前2~4秒，向后2~4秒。

（10）呼吸方式：向后向心收缩时呼气，向前离心还原时吸气。

7. 弹力带后摆腿。★★

（1）目标肌肉：股后肌群（股二头肌、半腱肌、半膜肌）。

（2）训练目的：锻炼股后肌群（股二头肌、半腱肌、半膜肌）的力量与耐力。

（3）使用器械：弹力带。

（4）动作设计原理：股后肌群（股二头肌、半腱肌、半膜肌）近固定向心收缩有使大腿在髋关节伸的功能，此动作阻力方向向前，对抗阻力方向向后，在与阻力方向相反的过程中，大腿在髋关节做了伸的动作，动作与功能相一致，所以此动作可以锻炼到股后肌群（股二头肌、半腱肌、半膜肌）。

图2-6-10 弹力带后摆腿

（5）身体位置：选择合适张力的弹力带一端系在比踝关节略高的固定物上，面对固定物站立，两脚左右自然开立，脚尖稍外展，膝关节自然伸直朝脚尖方向，骨盆保持中立位，背部挺直，下颌微收，将弹力带固定在训练腿踝关节稍往上的位置，膝关节自然伸直或微屈，两手抓住固定物稳定身体，肘关节自然弯曲，腕关节保持中立位。

（6）身体姿态与稳定：收腹、挺胸、下颌微收、背部挺直。

（7）运动方向与幅度：向后至大腿与地面呈45°，使股后肌群（股二头肌、半腱肌、半膜肌）充分收缩，向前至大腿与地面接近垂直，弹力带张力不消失，使股后肌群（股二头肌、半腱肌、半膜肌）持续紧张。

（8）安全要求：向后时大腿与身体夹角不要过大，向前时弹力带张力不消失。整个动作过程中，躯干始终保持稳定，膝关节不要过伸或过屈，踝关节保持中立位。

（9）动作时间：向前2~4秒，向后2~4秒。

（10）呼吸方式：向后向心收缩时呼气，向前离心还原时吸气。

三、大腿内收肌群抗阻技能

（一）大腿内收肌群的位置、起止点与功能

1. 部位：位于大腿内侧，包含耻骨肌、长收肌、短收肌、大收肌和股薄肌。

2. 起止点：耻骨肌起自耻骨上支，止于股骨粗线内侧唇上部。长收肌起自耻骨上支外面，短收肌起自耻骨下支外面，长收肌止于股骨粗线内侧唇中部，短收肌止于股骨粗线上部。大收肌起自坐骨结节、坐骨支和耻骨下支，止于股骨粗线内侧唇上2/3及股骨内上髁。

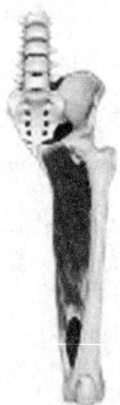

图2-6-11　大腿内收肌群

3. 功能：近固定向心收缩时，有使大腿在髋关节内收和水平屈的功能。

（二）大腿内收肌群抗阻训练方法

1. 器械坐姿腿内收。

（1）目标肌肉：大腿内收肌群。

（2）训练目的：锻炼大腿内收肌群的力量与耐力。

（3）使用器械：大腿内收机。

（4）动作设计原理：大腿内收肌群近固定向心收缩有使大腿在髋关节水平屈的功能，此动作阻力方向向外，对抗阻力方向向内，在与阻力反向相反的过程中，大腿在髋关节做了一个水平屈的动作，动作与功能相一致，所以此动作可以锻炼到大腿内收肌群。

图2-6-12　器械坐姿腿内收

（5）身体位置：调整合适的配重片重量和挡板位置，坐在器械凳椅上，背部挺直，紧靠椅背，下颌微收，两脚踩实踏板，大腿内侧靠近膝关节的位置抵住挡板，两手对握、闭握器械把柄，固定身体，肘关节自然弯曲，腕关节保持中立位。

（6）身体姿态与稳定：收腹、挺胸、背部挺直、下颌微收。

（7）运动方向与幅度：向内至两挡板接近但不相碰，使大腿内收肌群充分收缩，向外至两大腿呈90°或略大于90°，配重片不相碰，使大腿内收肌群持续受力。

（8）安全要求：向内不要靠惯性、爆发力，向外幅度不要过大，配重片不要相碰。整个动作过程中，躯干保持稳定，不要弓背。

（9）动作时间：向外2~4秒，向内2~4秒。

（10）呼吸方式：向内向心收缩时呼气，向外离心还原时吸气。

四、大腿外展肌群抗阻训练技能

（一）大腿外展肌群的位置、起止点与功能

1. 位置：位于大腿前外侧，包含臀大肌、臀中肌、臀小肌还有阔肌膜张肌。

2. 功能：近固定向心收缩时，使大腿在髋关节处外展和水平伸的功能。

（二）大腿外展肌群抗阻训练方法

1. 器械坐姿腿外展。

（1）目标肌肉：大腿外展肌群。

（2）训练目的：锻炼大腿外展肌群的力量与耐力。

（3）使用器械：大腿外展机。

图2-6-13 大腿外展肌群

（4）动作设计原理：大腿外展肌群近固定向心收缩有使大腿在髋关节水平伸的功能，此动作阻力方向向内，对抗阻力方向向外，在与阻力反向相反的过程中，大腿在髋关节做了一个水平伸的动作，动作与功能相一致，所以此动作可以锻炼到大腿外展肌群。

图2-6-14　器械坐姿腿外展

（5）身体位置：调整合适的配重片重量和挡板位置，坐在器械凳椅上，背部挺直、紧靠椅背，下颌微收，两脚踩实踏板，大腿外侧靠近膝关节的位置抵住挡板，两手对握、闭握器械把柄，固定身体，肘关节自然伸直，腕关节保持中立位，

（6）身体姿态与稳定：收腹、挺胸、背部挺直、下颌微收。

（7）运动方向与幅度：向内至两挡板接近但不相碰，配重片不相碰，使大腿外展肌群持续受力，向外至两大腿呈90°或略大于90°，使大腿内收肌群充分收缩。

（8）安全要求：向内配重片不相碰，向外幅度不要过大。整个动作过程中，躯干保持稳定，不要弓背。

（9）动作时间：向外2~4秒，向内2~4秒。

（10）呼吸方式：向外向心收缩时呼气，向内离心还原时吸气。

五、小腿三头肌抗阻训练技能

（一）小腿三头肌的位置、起止点与功能

1.位置：小腿后部。包括深层的比目鱼肌和浅层的腓肠肌。

2.起止点：比目鱼肌起自胫骨和腓骨的后部，腓肠肌内、外侧头分别起自股骨内外上髁，全部止于跟结节。

3.功能：比目鱼肌近固定向心收缩时，使足在踝关节处屈；腓肠肌近固定向心收缩时，使小腿在膝关节处屈，足在踝关节处屈；远固定向心收缩时，有使大腿在膝关节处屈，小腿在踝关节处屈，维持人体直立与足弓的功能。

图2-6-15　腓肠肌　　　　　　　　　　　图2-6-16　比目鱼肌

（二）小腿三头肌抗阻训练方法

1. 器械坐姿小腿顶推。

（1）目标肌肉：比目鱼肌。

（2）训练目的：锻炼比目鱼肌的力量与耐力。

（3）使用器械：腿部训练器。

（4）动作设计原理：比目鱼肌近固定向心收缩有使足在踝关节屈的功能，此动作阻力方向向下，对抗阻力方向向上，在与阻力方向相反的过程中，足在踝关节做了一个屈的动作，动作与功能相一致，所以此动作可以锻炼到腓肠肌。

图2-6-17　器械坐姿小腿顶推

（5）身体位置：调整合适的配重片重量与座椅位置，坐在器械座椅上，两脚左右自然开立，前脚掌踩实器械踏板，脚尖朝前，膝关节自然伸直朝脚尖方向，骨盆保持中立位，背部挺直，下颌微收，两手对握、闭握器械把手，肘关节自然弯曲，腕关节保持中立位。

（6）身体姿态与稳定：收腹、挺胸、背部挺直、下颌微收。

（7）运动方向与幅度：向上至脚后跟尽量抬离器械踏板，使比目鱼肌充分收缩，向下至脚后跟接近器械踏板，使比目鱼肌持续受力。

（8）安全要求：向上时踝关节不要过屈，向下时踝关节不要过伸。整个动作过程中，躯干保持稳定，膝关节始终保持微屈，不要过伸。

（9）动作时间：向上2~4秒，向下2~4秒。

（10）呼吸方式：向上向心收缩时呼气，向下离心还原时吸气。

2. 哑铃坐姿提踵。

（1）目标肌肉：比目鱼肌。

（2）训练目的：锻炼比目鱼肌的力量与耐力。

（3）使用器械：哑铃。

（4）动作设计原理：比目鱼肌近固定向心收缩有使足在踝关节屈的功能，此动作阻力方向向下，对抗阻力方向向上，在与阻力方向相反的过程中，足在踝关节做了一个屈的动作，动作与功能相一致，所以此动作可以锻炼到比目鱼肌。

图2-6-18　哑铃坐姿提踵

（5）身体位置：坐在训练凳上，两脚左右自然开立，脚尖稍外展，膝关节自然弯曲朝脚尖方向，骨盆保持中立位，背部挺直，下颌微收，两手对握、闭握哑铃平放在膝关节稍往上位置的大腿上，肘关节自然弯曲，腕关节保持中立位。

（6）身体姿态与稳定：收腹、挺胸、背部挺直、下颌微收。

（7）运动方向与幅度：向上至脚后跟尽量抬离地面，使比目鱼肌充分收缩，向下至后脚跟接近地面，但不踩实地面，使比目鱼肌持续受力。

（8）安全要求：向上时踝关节不要过屈，向下时脚后跟不要着地。整个动作过程中，躯干保持稳定，不要弓背，膝关节始终保持微屈，不要过伸。

（9）动作时间：向上2~4秒，向下2~4秒。

（10）呼吸方式：向上向心收缩时呼气，向下离心还原时吸气。

3.史密斯机直立提踵。

（1）目标肌肉：腓肠肌。

（2）训练目的：锻炼腓肠肌的力量与耐力。

（3）使用器械：史密斯机。

（4）动作设计原理：腓肠肌近固定向心收缩有使足在踝关节屈的功能，此动作阻力方向向下，对抗阻力方向向上，在与阻力方向相反的过程中，足在踝关节做了一个屈的动作，动作与功能相一致，所以此动作可以锻炼到腓肠肌。

图2-6-19　史密斯机站姿提踵

（5）身体位置：调整合适重量的杠铃，两脚左右自然开立，脚尖稍外展，膝关节自然伸直或微屈朝脚尖方向，骨盆保持中立位，背部挺直，下颌微收，两手正握、闭握杠铃，握距略宽于肩置于斜方肌上，肘关节自然弯曲，腕关节保持中立位。

（6）身体姿态与稳定：收腹、挺胸、背部挺直、下颌微收。

（7）运动方向与幅度：向上至脚后跟尽量抬离地面，使腓肠肌充分收缩，向下至后脚跟接近地面，但不踩实地面，使腓肠肌持续受力。

（8）安全要求：向上时踝关节不要过屈，向下时脚后跟不要着地。整个动作过程中，躯干保持稳定，不要弓背，膝关节始终保持微屈，不要过伸。

（9）动作时间：向上2~4秒，向下2~4秒。

（10）呼吸方式：向上向心收缩时呼气，向下离心还原时吸气。

4. 杠铃站姿提踵。

（1）目标肌肉：腓肠肌。

（2）训练目的：锻炼腓肠肌的力量与耐力。

（3）使用器械：杠铃。

（4）动作设计原理：腓肠肌近固定向心收缩有使足在踝关节屈的功能，此动作阻力方向向下，对抗阻力方向向上，在与阻力方向相反的过程中，足在踝关节做了一个屈的动作，动作与功能相一致，所以此动作可以锻炼到腓肠肌。

图2-6-20　杠铃站姿提踵

（5）身体位置：调整合适重量的杠铃，两脚左右自然开立，脚尖稍外展，膝关节自然伸直朝脚尖方向，骨盆保持中立位，背部挺直，下颌微收，两手正握、闭握杠铃，握距略宽于肩置于斜方肌上，肘关节自然弯曲，腕关节保持中立位。

（6）身体姿态与稳定：收腹、挺胸、背部挺直、下颌微收。

（7）运动方向与幅度：向上至脚后跟尽量抬离地面，使腓肠肌充分收缩，向下至后脚跟接近地面，但不踩实地面，使腓肠肌持续受力。

（8）安全要求：向上时踝关节不要过屈，向下时脚后跟不要着地。整个动作过程中，躯干保持稳定，不要弓背，膝关节始终保持微屈，不要过伸。

（9）动作时间：向上2~4秒，向下2~4秒。

（10）呼吸方式：向上向心收缩时呼气，向下离心还原时吸气。

5. 哑铃提踵。★

（1）目标肌肉：腓肠肌。

（2）训练目的：锻炼腓肠肌大的力量与耐力。

（3）使用器械：哑铃。

（4）动作设计原理：腓肠肌近固定向心收缩有使足在踝关节屈的功能，此动作阻力方向向下，对抗阻力方向向上，在与阻力方向相反的过程中，足在踝关节做了一个屈的动作，动作与功能相一致，所以此动作可以锻炼到腓肠肌。

图2-6-21　哑铃提踵

（5）身体位置：挑选合适重量的哑铃，两脚左右自然开立，脚尖稍外展，膝关节自然伸直朝脚尖方向，骨盆保持中立位，背部挺直，下颌微收，两手对握、闭握哑铃置于身体两侧，肘关节自然伸直或微屈，腕关节保持中立位。

（6）身体姿态与稳定：收腹、挺胸、背部挺直、下颌微收。

（7）运动方向与幅度：向上至脚后跟尽量抬离地面，使腓肠肌充分收缩，向下至后脚跟接近地面，但不踩实地面，使腓肠肌持续受力。

（8）安全要求：向上时踝关节不要过屈，向下时脚后跟不要着地。整个动作过程中，躯干保持稳定，不要弓背，膝关节始终保持微屈，不要过伸。

（9）动作时间：向上2～4秒，向下2～4秒。

（10）呼吸方式：向上向心收缩时呼气，向下离心还原时吸气。

第七节　抗阻训练保护技能

一、抗阻训练保护要求

练习者使用固定器械时一般不需要保护，因为器械的运动轨迹比较固定，练习者可以控制器械。练习者进行杠铃和哑铃等抗阻训练时，容易失去控制，从而导致练习者受伤，需要健身教练进行保护。

二、抗阻训练保护方法

（一）杠铃平板卧推保护★

教练两脚左右开立与肩同宽站在练习者头部上方，膝关节自然伸直或微屈，骨盆保持中立位，背部挺直，下颌微收。两手采用窄握距，正反握、闭握杠铃杆，肘关节自然弯曲，腕关节保持中立位。向上时伸髋伸膝，向下时屈髋屈膝。整个动作过程中，躯干保持稳定，背部挺直，不要弓背。

图2-7-1 杠铃平板卧推保护

（二）杠铃下蹲（可控）保护★

1. 轻重量杠铃下蹲保护。

教练站在练习者后侧，两脚左右开立比肩略宽，脚尖稍外展，膝关节自然伸直或微屈朝脚尖方向，背部挺直，下颌微收，两手采用窄握距，正反握、闭握杠铃，肘关节自然弯曲，腕关节保持中立位。教练与练习者同步起落，向上时伸髋伸膝，向下时屈髋屈膝。整个动作过程中，躯干保持稳定，背部挺直，不要弓背。

图2-7-2 杠铃下蹲（可控）保护

2. 大重量杠铃下蹲保护。

保护前提：教练与练习者为同性别，且身高高于练习者。教练站在练习者后侧，两脚左右开立比肩略宽，脚尖稍外展，膝关节自然伸直或微屈朝脚尖方向，背部挺直，下颌微收，两手前臂扶住练习者腋下或上臂扶住腋下，肘关节自然弯曲。教练与练习者同步起落，向上时伸髋伸膝，向下时屈髋屈膝。整个动作过程中，躯干保持稳定，背部挺直，不要弓背。

图2-7-3 大重量杠铃下蹲保护

（三）杠铃下蹲（不可控）★

大重量杠铃下蹲保护时，如果教练与练习者是异性、教练身高低于练习者或者杠铃重量不可控时，教练不能对练习者进行保护，而是建议练习者去史密斯机进行训练。

（四）哑铃肩上推举保护★

1. 小重量哑铃肩上推举。

教练站在练习者后侧，两脚左右开立比肩略宽，脚尖稍外展，膝关节自然伸直或微屈朝脚尖方向，背部挺直，下颌微收，两手握住练习者腕关节略往上位置，肘关节自然弯曲，腕关节保持中立位。向上时伸髋伸膝，向下时屈髋屈膝。整个动作过程中，躯干保持稳定，背部挺直，不要弓背。

图2-7-4　哑铃肩上推举（小重量）

2. 大重量哑铃肩上推举。

教练站在练习者后侧，两脚左右开立比肩略宽，脚尖稍外展，膝关节自然伸直或微屈朝脚尖方向，背部挺直，下颌微收，两手扶住练习者肘关节略往上位置，肘关节自然弯曲，腕关节保持中立位。向上时伸髋伸膝，向下时屈髋屈膝。整个动作过程中，躯干保持稳定，背部挺直，不要弓背。

图2-7-5　哑铃肩上推举（大重量）

（五）哑铃颈后臂屈伸保护★

教练站在练习者身后，两脚左右开立与肩同宽，脚尖稍外展，膝关节自然伸直或微屈朝脚尖方向，背部挺直，下颌微收，两手握住哑铃两侧，肘关节自然弯曲，腕关节保持中立位。向上时伸髋伸膝，向下时屈髋屈膝。整个动作过程中，躯干保持稳定，背部挺直，不要弓背。

图2-7-6 哑铃颈后臂屈伸

第三章　伸展训练技能

第一节　静力性伸展训练技能

一、胸大肌静力性伸展技能

（一）胸大肌主动伸展★

1. 目标肌肉：胸大肌。

2. 锻炼目的：提高胸大肌的弹性和
伸展性。

3. 设计原理：因为胸大肌近固定向心
收缩时有使上臂在肩关节水平屈的功能，
因此做一个与之相反的动作，上臂在肩关
节水平伸就可以充分拉伸到胸大肌。

图3-1-1　胸大肌主动伸展

4. 动作要点：

（1）位置与姿态：身体侧对器械挡板，靠近挡板近侧腿在前成弓步站立，骨盆
保持中立位，背部挺直，下颌微收，同侧手臂抬起至上臂与地面平行，前臂垂直于地
面，手掌、前臂放在挡板上，肘关节呈90°，上体略前倾。

（2）发力方向：缓缓向异侧转体拉伸胸大肌。

（3）安全要求：肩关节外展不超过90°，向异侧转体时缓慢发力，不可爆发用
力，躯干保持稳定，前腿膝关节不超过脚尖。

5. 强度：拉伸至胸大肌有明显的牵拉感或略感不适，停留在这里做一个静力性伸展。

6. 时间：保持10～30秒。

7. 呼吸：在拉伸过程中保持均匀呼吸，不要闭气。

（二）胸大肌被动伸展★

1. 目标肌肉：胸大肌。

2. 锻炼目的：提高胸大肌的弹性和伸展性。

3. 设计原理：因为胸大肌近固定向心收缩时有使上臂在肩关节水平屈的功能，因此做一个与之相反的动作，上臂在肩关节水平伸就可以充分拉伸到胸大肌。

图3-1-2　胸大肌被动伸展

4. 动作要点：

（1）位置与姿态：让练习者坐在直角板凳上，两脚左右开立与肩同宽，脚尖稍外展，膝关节自然弯曲朝脚尖方向，骨盆保持中立位，背部挺直，下颌微收，上背部、臀部紧贴椅背，腰部保持正常的生理曲度，手臂抬起至上臂与地面平行，前臂垂直于地面，肘关节呈90°，教练站在练习者后面从上向下握住练习者肘关节稍往上位置。

（2）发力方向：缓缓向后慢拉练习者的胸大肌。

（3）安全要求：教练及时询问练习者目标肌肉是否有明显的牵拉感或略感不适，当练习者回应有牵拉感或略感不适时，停在这里做静力性伸展，练习者肩关节外展不超过90°，不耸肩，躯干保持稳定，教练拉伸时缓慢发力，不可爆发用力。

5. 强度：拉伸至胸大肌有明显的牵拉感或略感不适，停留在这里做一个静力性伸展。

6. 时间：保持10~30秒。

7. 呼吸：在拉伸过程中保持均匀呼吸，不要闭气。

二、腹直肌静力性伸展技能

（一）腹直肌主动伸展★

1. 目标肌肉：腹直肌。

2. 锻炼目的：提高腹直肌的弹性和伸展性。

3. 设计原理：因为腹直肌下固定向心收缩时有使脊柱屈的功能，所以做一个与

图3-1-3　腹直肌主动伸展

之相反的动作，脊柱伸就可以充分拉伸到腹直肌。

4. 动作要点：

（1）位置与姿态：练习者俯卧在垫子上，两脚打开与肩同宽或两脚并拢，绷脚尖，膝关节自然伸直，骨盆保持中立位，背部挺直，下颌微收，两手前臂放在垫子上，握拳相对，上臂垂直于地面，肘关节呈90°，撑起上身。

（2）发力方向：上体缓慢向上方抬起。

（3）安全要求：缓慢发力，不可爆发用力，躯干保持稳定，脐部不要离开垫子，向上幅度不要过大，脊柱不要过伸。

5. 强度：拉伸至腹直肌有明显的牵拉感或略感不适时，停在这里做静力性伸展。

6. 时间：保持10～30秒。

7. 呼吸：在拉伸过程中保持均匀呼吸，不要闭气。

（二）腹直肌被动伸展

1. 目标肌肉：腹直肌。

2. 锻炼目的：提高腹直肌的弹性和伸展性。

3. 设计原理：因为腹直肌下固定向心收缩时有使脊柱屈功能，所以做一个与之相反的动作，脊柱伸的动作就可以充分拉伸到腹直肌。

图3-1-4　腹直肌被动伸展

4. 动作要点：

（1）位置与姿态：练习者俯卧在垫子上，两脚打开与肩同宽或两脚并拢，绷脚尖，膝关节自然伸直，骨盆保持中立位，背部挺直，下颌微收，屈肘将两手放在耳朵两侧，教练站在练习者身后，两手握住练习者肘关节稍往上位置。

（2）发力方向：缓缓向上拉练习者的腹直肌。

（3）安全要求：教练及时询问练习者目标肌肉是否有明显的牵拉感或略感不适，当练习者回应有牵拉感或略感不适时，停在这里做静力性伸展，练习者肩关节外展不超过90°，躯干保持稳定，脐部不要离开垫子，向上幅度不要过大，脊柱不要过伸，教练拉伸时缓慢发力，不可爆发用力。

5. 强度：拉伸至腹直肌有明显的牵拉感或略感不适，停留在这里做一个静力性伸展。

6. 时间：保持10～30秒。

7. 呼吸：在拉伸过程中保持均匀呼吸，不要闭气。

三、腹内斜肌/腹外斜肌静力性伸展技能

（一）腹内斜肌/腹外斜肌主动伸展A

1. 目标肌肉：腹内斜肌/腹外斜肌。

2. 锻炼目的：提高腹内斜肌/腹外斜肌的弹性和伸展性。

3. 设计原理：因为腹内斜肌/腹外斜肌下固定向心收缩时有使脊柱向同侧回旋/对侧回旋的功能，所以做一个与之相反的动作，向对侧回旋/同侧回旋的动作就可以充分拉伸到腹内斜肌/腹外斜肌。

图3-1-5　腹内斜肌/腹外斜肌主动伸展A

4. 动作要点：

（1）位置与姿态：练习者侧卧在垫子上，两腿并拢，膝关节呈90°，髋关节自然弯曲，骨盆保持中立位，脊柱向后方转体，背部靠近垫子，两臂伸直侧平举贴近地面，面部朝上。

（2）发力方向：脊柱缓慢向后方旋转。

（3）安全要求：缓慢发力，不可爆发用力，骨盆和腿部保持稳定，幅度不要过大，防止脊柱受伤。

5. 强度：拉伸至腹内斜肌/腹外斜肌有明显的牵拉感或略感不适时，停在这里做静力性伸展。

6. 时间：保持10～30秒。

7. 呼吸：在拉伸过程中保持均匀呼吸，不要闭气。

（二）腹内斜肌/腹外斜肌主动伸展B

1. 目标肌肉：腹内斜肌/腹外斜肌。

2. 锻炼目的：提高腹内斜肌/腹外斜肌的弹性和伸展性。

图3-1-6　腹内斜肌/腹外斜肌主动伸展B

3. 设计原理：因为腹内斜肌/腹外斜肌下固定向心收缩时有使脊柱向同侧回旋/对侧回旋的功能，所以做一个与之相反的动作，向对侧回旋/同侧回旋的动作就可以充分拉伸到腹内斜肌/腹外斜肌。

4. 动作要点：

（1）位置与姿态：练习者俯卧在垫子上，两脚左右自然开立或两脚并拢，绷脚尖，膝关节自然伸直，骨盆保持中立位，一手臂前臂贴近地面，另一手臂肘关节自然弯曲扶住耳侧，脊柱向后屈再向手臂抬起一侧旋转，脐部贴紧垫子。

（2）发力方向：脊柱缓慢向手臂抬起一侧旋转。

（3）安全要求：缓慢发力，不可爆发用力，骨盆和腿部保持稳定，脐部不要离开垫子，旋转幅度不要过大，防止脊柱受伤。

5. 强度：拉伸至腹内斜肌/腹外斜肌有明显的牵拉感或略感不适时，停在这里做静力性伸展。

6. 时间：保持10~30秒。

7. 呼吸：在拉伸过程中保持均匀呼吸，不要闭气。

（三）腹内斜肌/腹外斜肌被动伸展

1. 目标肌肉：腹内斜肌/腹外斜肌。

2. 锻炼目的：提高腹内斜肌/腹外斜肌的弹性和伸展性。

3. 设计原理：因为腹内斜肌/腹外斜肌下固定向心收缩时有使脊柱向同侧回旋/对侧回旋的功能，所以做一个与之相反的动作，脊柱向对侧回旋/同侧回旋的动作就可以充分拉伸到腹内斜肌/腹外斜肌。

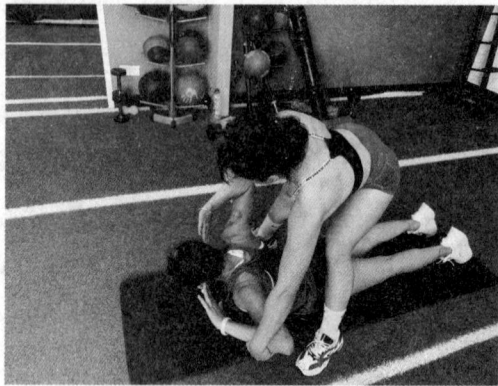

图3-1-7　腹内斜肌/腹外斜肌被动伸展

4. 动作要点：

（1）位置与姿态：让练习者俯卧在垫子上，两脚左右自然开立或两脚并拢，绷脚尖，膝关节自然伸直，骨盆保持中立位，背部挺直，下颌微收，屈肘将两手放在耳朵两侧，教练站在练习者身后，两手握住练习者肘关节稍往上位置将练习者身体稍稍向上抬起。

（2）发力方向：缓缓将脊柱向对侧/同侧旋转。

（3）安全要求：及时询问练习者目标肌肉是否有明显的牵拉感或略感不适，当练习者回应有牵拉感或略感不适时，停在这里做静力性伸展，练习者肩关节外展不超过90°，脐部不离开垫子，骨盆和腿部保持稳定，教练缓慢发力，不可爆发用力，旋转幅度不要过大，防止脊柱受伤。

5. 强度：拉伸至腹内斜肌/腹外斜肌有明显的牵拉感或略感不适，停留在这里做一个静力性伸展。

6. 时间：保持10～30秒。

7. 呼吸：在拉伸过程中保持均匀呼吸，不要闭气。

四、背阔肌静力性伸展技能

（一）背阔肌主动伸展★

1. 目标肌肉：背阔肌。

2. 锻炼目的：提高背阔肌的弹性和伸展性。

3. 设计原理：因为背阔肌近固定向心收缩时有使上臂在肩关节伸的功能，所以做一个与之相反的动作，上臂在肩关节屈就可以充分拉伸到背阔肌。

图3-1-8　背阔肌主动伸展

4. 动作要点：

（1）位置与姿态：找到横杆固定物，两脚左右开立与肩同宽，脚尖稍外展，膝关节自然弯曲朝脚尖方向，背部挺直，下颌微收，两手采用窄握距、正握、闭握横杆，肘关节自然伸直或微屈，腕关节保持中立位，俯身向下缓慢发力。

（2）发力方向：缓慢向后移动臀部，再向下拉伸背阔肌。

（3）安全要求：发力时先向后，再向下缓慢发力，不可爆发用力，躯干保持稳定，拉伸时膝、肘关节不要过伸。

5. 强度：拉伸至背阔肌有明显的牵拉感或略感不适时，停留在这里做一个静力性伸展。

6. 时间：保持10～30秒。

7. 呼吸：在拉伸过程中保持均匀呼吸，不要闭气。

（二）背阔肌被动伸展

1.目标肌肉：背阔肌。

2.锻炼目的：提高背阔肌的弹性和伸展性。

3.设计原理：因为背阔肌近固定向心收缩时有使上臂在肩关节伸的功能，所以做一个与之相反的动作，上臂在肩关节屈就可以充分拉伸到背阔肌。

图3-1-9 背阔肌被动伸展

4.动作要点：

（1）位置与姿态：让练习者两脚左右开立与肩同宽，脚尖稍外展，膝关节自然伸直或微屈朝脚尖方向，骨盆保持中立位，背部挺直，下颌微收，肘关节自然伸直或微屈，教练站在练习者对面，两手交叉与练习者互握两手，让练习者俯身下压。

（2）发力方向：练习者先向后、再向下压，教练缓缓向上抬起。

（3）安全要求：教练及时询问练习者目标肌肉是否有明显的牵拉感或略感不适，当练习者回应有牵拉感或略感不适时，停在这里做静力性伸展，练习者躯干保持稳定，不要弓背，膝、肘关节不过伸，膝关节不要超过脚尖，教练拉伸时缓慢发力，不可爆发用力。

5.强度：当背阔肌有明显的牵拉感或略感不适时，停留在这里做一个静力性伸展。

6.时间：保持10~30秒。

7.呼吸：在拉伸过程中保持均匀呼吸，不要闭气。

五、竖脊肌静力性伸展技能

（一）竖脊肌主动伸展★

1.目标肌肉：竖脊肌。

2.锻炼目的：提高竖脊肌的弹性和伸展性。

3.设计原理：因为竖脊肌下固定向心收缩时有使头伸、脊柱伸的功能，上

图3-1-10 竖脊肌主动伸展

固定时有使骨盆前倾的功能，所以做一个与之相反的动作，头屈、脊柱屈、骨盆后倾就可以充分拉伸到竖脊肌。

4. 动作要点：

（1）位置与姿态：练习者俯身跪在垫上，大腿与手臂垂直于地面，肘关节自然伸直，背部挺直，下颌微收，脊柱缓慢向上弯曲，低头，含胸弓背，骨盆后倾。

（2）发力方向：重心向上使脊柱屈成C字形。

（3）安全要求：缓慢发力，不可爆发用力，脊柱不要过屈，避免脊柱受伤，肘关节不要过伸。

5. 强度：拉伸至竖脊肌有明显的牵拉感或略感不适时，停在这里做静力性伸展。

6. 时间：保持10～30秒。

7. 呼吸：在拉伸过程中保持均匀呼吸，不要闭气。

六、斜方肌上部/肩胛提肌静力性伸展技能

（一）斜方肌上部/肩胛提肌主动伸展★

1. 目标肌肉：斜方肌上部/肩胛提肌。

2. 锻炼目的：提高斜方肌上部/肩胛提肌的弹性和伸展性。

3. 设计原理：因为斜方肌上部/肩胛提肌近固定向心收缩时有使肩胛骨上提的功能，远固定向心收缩时有使头向同侧屈的功能，所以做一个与之相反的动作，肩胛骨下降、头向对侧屈就可以充分拉伸到斜方肌上部/肩胛提肌。

图3-1-11 斜方肌上部/肩胛提肌主动伸展

4. 动作要点：

（1）位置与姿态：两脚左右自然开立坐在板凳上，膝关节自然弯曲朝脚尖方向，骨盆保持中立位，背部挺直，下颌微收，将一侧手置于异侧头耳上方，另一侧手自然下垂。

（2）发力方向：一侧手缓慢向同侧拉头部，屈到一定程度，固定头部不动，异侧肩缓慢下沉（或一侧肩缓慢下沉，下降到一定程度，固定肩不动，异侧手缓慢向同侧拉头部）。

（3）安全要求：缓慢发力，不可爆发用力，躯干保持稳定，颈椎病患者慎用此练习。

5. 强度：拉伸至斜方肌上部/肩胛提肌有明显的牵拉感或略感不适，停在这里做静力性伸展。

6. 时间：保持10～30秒。

7. 呼吸：在拉伸过程中保持均匀呼吸，不要闭气。

（二）斜方肌上部/肩胛提肌被动伸展★

1. 目标肌肉：斜方肌上部/肩胛提肌。

2. 锻炼目的：提高斜方肌上部/肩胛提肌的弹性和伸展性。

3. 设计原理：因为斜方肌上部/肩胛提肌近固定向心收缩时有使肩胛骨上提的功能，远固定向心收缩时有使头向同侧屈的功能，所以做一个与之相反的动作，肩胛骨下降、头向对侧屈就可以充分拉伸到斜方肌上部/肩胛提肌。

图3-1-12 斜方肌上部/肩胛提肌被动伸展

4. 动作要点：

（1）位置与姿态：让练习者坐在带靠背的训练凳上，两脚左右开立与肩同宽，脚尖稍外展，膝关节自然弯曲朝脚尖方向，骨盆保持中立位，背部挺直，下颌微收，两手自然下垂置于大腿前侧，教练站在练习者的后方，一手用前臂压住练习者肩部，另一只手扶住练习者的头部耳朵上方。

（2）发力方向：向下稳定肩膀后，使头向异侧发力（或先向侧方稳定头部，压住肩膀向下发力）。

（3）安全要求：教练及时询问练习者目标肌肉是否有明显的牵拉感或略感不适，当练习者回应有牵拉感或略感不适时，停在这里做静力性伸展，练习者躯干保持稳定，教练缓慢发力，不可爆发用力，使练习者头不要过屈，以免颈部受伤。

5. 强度：拉伸至斜方肌上部/肩胛提肌有明显的牵拉感或略感不适时，停在这里做静力性伸展。

6. 时间：保持10～30秒。

7. 呼吸：在拉伸过程中保持均匀呼吸，不要闭气。

（三）斜方肌中下部★/菱形肌主动伸展

1. 目标肌肉：斜方肌中下部/菱形肌。

2. 锻炼目的：提高斜方肌中下部/菱形肌的弹性和伸展性。

3. 设计原理：因为斜方肌中下部/菱形肌近固定向心收缩时有使肩胛骨后缩的功能，所以做一个与之相反的动作肩胛骨前伸就可以充分拉伸到斜方肌中下部/菱形肌。

图3-1-13 斜方肌中下部/菱形肌主动伸展

4. 动作要点：

（1）位置与姿态：两脚左右自然开立，膝关节自然伸直或微屈朝脚尖方向，骨盆保持中立位，背部挺直，下颌微收，两手十指交叉闭握抓住固定物，肘关节自然伸直或微屈，腕关节保持中立位。

（2）发力方向：脊柱向后，肩胛骨缓慢前伸。

（3）安全要求：缓慢发力，不可爆发用力，躯干保持稳定，不弯腰弓背。

5. 强度：拉伸至斜方肌中下部/菱形肌有明显的牵拉感或略感不适时，停在这里做静力性伸展。

6. 时间：保持10~30秒。

7. 呼吸：在拉伸过程中保持均匀呼吸，不要闭气。

七、三角肌静力性伸展技能

（一）三角肌前部主动伸展★

1. 目标肌肉：三角肌前部。

2. 锻炼目的：提高三角肌前部的弹性和伸展性。

3. 设计原理：因为三角肌前部近固定向心收缩时有使上臂在肩关节屈的功能，所以做一个与之相反的动作，上臂

图3-1-14 三角肌前部主动伸展

在肩关节伸就可以充分拉伸三角肌前部。

4.动作要点：

（1）位置与姿态：两脚左右自然开立向下屈髋屈膝下蹲，两手采用窄握距，反握、闭握横杠，骨盆保持中立位，背部挺直，下颌微收，肘关节自然伸直或微屈，腕关节保持中立位。

（2）发力方向：缓慢向后上方抬起手臂。

（3）安全要求：缓慢发力，不可爆发用力，躯干保持稳定，不耸肩，不弯腰弓背。

5.强度：拉伸至三角肌前部有明显的牵拉感或略感不适时，停在这里做静力性伸展。

6.时间：保持10～30秒。

7.呼吸：在拉伸过程中保持均匀呼吸，不要闭气。

（二）三角肌前部被动伸展★

1.目标肌肉：三角肌前部。

2.锻炼目的：提高三角肌前部的弹性和伸展性。

3.设计原理：因为三角肌前部近固定向心收缩时有使上臂在肩关节屈的功能，所以做一个与之相反的动作，上臂在肩关节伸就可以充分拉伸三角肌前部。

图3-1-15　三角肌前部被动伸展

4.动作要点：

（1）位置与姿态：让练习者坐在直角凳上，两脚左右开立与肩同宽，脚尖稍外展，膝关节自然弯曲朝脚尖方向，背部挺直，下颌微收，教练一手按住练习者肩膀，稳定肩胛骨，另一手扶住练习者肘关节稍往上位置。

（2）发力方向：缓慢向后上方抬起其手臂。

（3）安全要求：教练及时询问练习者目标肌肉是否有明显的牵拉感或略感不适，当练习者回应有牵拉感或略感不适时，停在这里做静力性伸展，练习者躯干保持稳定，不耸肩，不弯腰弓背，教练缓慢发力，不可爆发用力。

5.强度：拉伸至三角肌前部有明显的牵拉感或略感不适时，停在这里做静力性伸展。

6. 时间：保持10～30秒。

7. 呼吸：在拉伸过程中保持均匀呼吸，不要闭气。

（三）三角肌后部主动伸展★

1. 目标肌肉：三角肌后部。

2. 锻炼目的：提高三角肌后部的弹性和伸展性。

3. 设计原理：因为三角肌后部近固定向心收缩时有使上臂在肩关节水平伸的功能，所以做一个与之相反的动作，上臂在肩关节水平屈就可以充分拉伸三角肌后部。

图3-1-16　三角肌后部主动伸展

4. 动作要点：

（1）位置与姿态：两脚左右自然开立，脚尖稍外展，膝关节自然伸直或微屈朝脚尖方向，骨盆保持中立位，背部挺直，下颌微收，一手臂伸直抬起贴近胸部与地面平行，另一手抓住肘关节稍往上位置。

（2）发力方向：缓慢向外向后拉手臂。

（3）安全要求：缓慢发力，不可爆发用力，躯干保持稳定，不耸肩，不弯要弓背。

5. 强度：拉伸至三角肌后部有明显的牵拉感或略感不适时，停在这里做静力性伸展。

6. 时间：保持10～30秒。

7. 呼吸：在拉伸过程中保持均匀呼吸，不要闭气。

（四）三角肌后部被动伸展★

1. 目标肌肉：三角肌后部。

2. 锻炼目的：高三角肌后部的弹性和伸展性。

3. 设计原理：因为三角肌后部近固定向心收缩时有使上臂在肩关节水平伸的功能，所以做一个与之相反的动作，上臂在肩关节水平屈就可以充分拉伸三角肌后部。

图3-1-17　三角肌后部被动伸展

4.动作要点：

（1）位置与姿态：让练习者坐在带靠背的训练凳上，两脚左右开立与肩同宽，脚尖稍外展，膝关节自然弯曲朝脚尖方向，骨盆保持中立位，背部挺直，下颌微收，臀部、上背部紧贴椅背，一手臂直臂抬起贴近胸部与地面平行。教练站在练习者后侧，一手压住练习者的肩膀，稳定肩胛骨，另一手抓住练习者肘关节稍往上的位置。

（2）发力方向：向外向后拉练习者上臂向胸部靠拢。

（3）安全要求：教练及时询问练习者目标肌肉是否有明显的牵拉感或略感不适，当练习者回应有牵拉感或略感不适时，停在这里做静力性伸展，练习者躯干保持稳定，不耸肩，保持肩胛骨稳定，不弯腰弓背，教练缓慢发力，不可爆发用力。

5.强度：拉伸至三角肌后部有明显的牵拉感或略感不适时，停在这里做静力性伸展。

6.时间：保持10~30秒。

7.呼吸：在拉伸过程中保持均匀呼吸，不要闭气。

八、肱二头肌伸展技能

（一）肱二头肌主动伸展★

1.目标肌肉：肱二头肌。

2.锻炼目的：提高肱二头肌的弹性和伸展性。

3.设计原理：因为肱二头肌近固定向心收缩时有使上臂在肩关节屈、前臂在肘关节屈和肘关节外旋的功能，所以做一个与之相反的动作，上臂在肩关节伸、前臂在肘关节伸和肘关节内旋就可以充分拉伸到肱二头肌。

图3-1-18 肱二头肌主动伸展

4.动作要点：

（1）位置与姿态：两脚左右自然开立向下屈髋屈膝下蹲，两手采用窄握距，正握、闭握横杠，骨盆保持中立位，背部挺直，下颌微收，肘关节自然伸直或微屈，腕关节保持中立位。肘关节自然伸直并内旋，掌心向后。

（2）发力方向：缓慢向后上方抬起手臂。

（3）安全要求：缓慢发力，不可爆发用力，躯干保持稳定，不要耸肩，不弯腰弓背。

5.强度：拉伸至肱二头肌有明显的牵拉感或略感不适时，停在这里做静力性伸展。

6.时间：保持10～30秒。

7.呼吸：在拉伸过程中保持均匀呼吸，不要闭气。

（二）肱二头肌被动伸展★

1.目标肌肉：肱二头肌。

2.锻炼目的：提高肱二头肌的弹性和伸展性。

3.设计原理：因为肱二头肌近固定向心收缩时有使上臂在肩关节屈、前臂在肘关节屈和肘关节外旋的功能，所以做一个与之相反的动作，上臂在肩关节伸、前臂在肘关节伸和肘关节内旋就可以充分拉伸到肱二头肌。

图3-1-19　肱二头肌被动伸展

4.动作要点：

（1）位置与姿态：让练习者两脚左右开立与肩同宽，脚尖稍外展，膝关节伸直弯曲朝脚尖方向，骨盆保持中立位，背部挺直，下颌微收，两手臂直臂置于体后，肘关节自然伸直并内旋，掌心向后。教练站在练习者后面，两手抓住练习者的腕部稍往上的位置.

（2）发力方向：缓慢向后上方抬起练习者手臂。

（3）安全要求：教练及时询问练习者目标肌肉是否有明显的牵拉感或略感不适，当练习者回应有牵拉感或略感不适时，停在这里做静力性伸展，练习者躯干保持稳定，不要耸肩，肘关节不要过伸，不弯腰弓背，教练缓慢发力，不可爆发用力。

5.强度：拉伸至肱二头肌有明显的牵拉感或略感不适时，停在这里做静力性伸展。

6.时间：保持10～30秒。

7.呼吸：在拉伸过程中保持均匀呼吸，不要闭气。

九、肱三头肌伸展技能

（一）肱三头肌主动伸展★

1. 目标肌肉：肱三头肌。

2. 锻炼目的：提高肱三头肌的弹性和伸展性。

3. 设计原理：因为肱三头肌近固定向心收缩时有使上臂在肩关节伸、前臂在肘关节伸的功能，所以做一个与之相反的动作，上臂在肩关节屈、前臂在肘关节屈就可以充分拉伸到肱三头肌。

图3-1-20　肱三头肌主动伸展

4. 动作要点：

（1）位置与姿态：两脚左右开立与肩同宽，脚尖稍外展，膝关节自然伸直或微屈朝脚尖方向，骨盆保持中立位，背部挺直，下颌微收，抬起一侧手臂至上臂与地面垂直，充分屈肘，另一侧手向上抓住肘部稍往上位置。

（2）发力方向：缓慢向后拉伸上臂。

（3）安全要求：缓慢发力，不可爆发用力，躯干保持稳定，不要耸肩，不弯腰弓背。

5. 强度：拉伸至肱三头肌有明显的牵拉感或略感不适时，停在这里做静力性伸展。

6. 时间：保持10～30秒。

7. 呼吸：在拉伸过程中保持均匀呼吸，不要闭气。

（二）肱三头肌被动伸展★

1. 目标肌肉：肱三头肌。

2. 锻炼目的：提高肱三头肌的弹性和伸展性。

3. 设计原理：因为肱三头肌近固定向心收缩时有使上臂在肩关节伸、前臂在肘关节伸的功能，所以做一个与之相反的动作，上臂在肩关节屈、前臂在肘关节屈就可以充分拉伸到肱三头肌。

图3-1-21　肱三头肌被动伸展

4.动作要点：

（1）位置与姿态：让练习者坐在训练凳上，两脚左右开立与肩同宽，脚尖稍外展，膝关节自然弯曲朝脚尖方向，骨盆保持中立位，背部挺直，下颌微收，抬起一侧手臂至上臂与地面垂直，充分屈肘，教练站在练习者后面，一手抓住练习者肘部稍往上位置，另一手抓住手腕稍往上位置。

（2）发力方向：一手使训练中两臂充分折叠，另一手缓慢向后拉伸上臂。

（3）安全要求：教练及时询问练习者目标肌肉是否有明显的牵拉感或略感不适，当练习者回应有牵拉感或略感不适时，停在这里做静力性伸展，练习者躯干保持稳定，不要耸肩，不弯腰弓背，教练缓慢发力，不可爆发用力。

5.强度：拉伸至肱三头肌有明显的牵拉感或略感不适时，停在这里做静力性伸展。

6.时间：保持10~30秒。

7.呼吸：在拉伸过程中保持均匀呼吸，不要闭气。

十、股后肌群（股二头肌、半腱肌、半膜肌）静力性伸展技能

（一）股后肌群（股二头肌★、半腱肌、半膜肌）主动伸展

1.目标肌肉：股后肌群（股二头肌、半腱肌、半膜肌）。

2.锻炼目的：提高股后肌群（股二头肌、半腱肌、半膜肌）的弹性和伸展性。

3.设计原理：因为股后肌群（股二头肌、半腱肌、半膜肌）近固定向心收缩时有使大腿在髋关节伸、小腿在膝关节屈的功能，所以做一个与之相反的动作，大腿在髋关节屈、小腿在膝关

图3-1-22 股后肌群
（股二头肌、半腱肌、半膜肌）主动伸展

节伸就可以充分拉伸股后肌群（股二头肌、半腱肌、半膜肌）。

4.动作要点：

（1）位置与姿态：仰卧平躺在垫子上，两脚并拢，膝关节自然伸直，骨盆保持中立位，背部挺直，腰部保持正常的生理弯曲，下颌微收，屈髋抬起伸展腿，膝关节自

然伸直或微屈，两手或用毛巾拉住伸展腿膝关节略靠上的部位。

（2）发力方向：缓慢把伸展腿拉向上体。

（3）安全要求：缓慢发力，不可爆发用力，躯干保持稳定，骨盆保持稳定，不弯腰弓背。

5.强度：拉伸至股后肌群（股二头肌、半腱肌、半膜肌）有明显的牵拉感或略感不适时，停在这里做静力性伸展。

6.时间：保持10～30秒

7.呼吸：在拉伸过程中保持均匀呼吸，不要闭气。

（二）股后肌群（股二头肌★、半腱肌、半膜肌）被动伸展

1.目标肌肉：股后肌群（股二头肌、半腱肌、半膜肌）。

2.锻炼目的：提高股后肌群（股二头肌、半腱肌、半膜肌）的弹性和伸展性。

3.设计原理：因为股后肌群（股二头肌、半腱肌、半膜肌）近固定向心收缩时有使大腿在髋关节伸、小腿在膝关节屈的功能，所以做一个与之相反的动作，大腿在髋关节屈、小腿在膝关节伸

图3-1-23 股后肌群
（股二头肌、半腱肌、半膜肌）被动伸展

就可以充分拉伸股后肌群（股二头肌、半腱肌、半膜肌）。

4.动作要点：

（1）位置与姿态：让练习者仰卧平躺在垫子上，两脚并拢，膝关节自然伸直，骨盆保持中立位，背部挺直，腰部保持正常的生理弯曲，下颌微收，屈髋抬起一侧腿，膝关节自然伸直或微屈，教练在练习者体侧，跪姿，外侧腿向前成弓步，膝关节不超过脚尖，内侧腿跪在垫上，将练习者近侧小腿放在肩上，两手扶住练习者大腿靠近膝关节处。

（2）发力方向：教练将上体缓缓前倾，使练习者大腿向其上体靠近。

（3）安全要求：教练及时询问练习者目标肌肉是否有明显的牵拉感或略感不适，当练习者回应有牵拉感或略感不适时，停在这里做静力性伸展，练习者躯干保持稳定，骨盆保持稳定，不弯腰弓背，教练缓慢发力，不可爆发用力。

5. 强度：拉伸至股后肌群（股二头肌、半腱肌、半膜肌）有明显的牵拉感或略感不适时，停在这里做静力性伸展。

6. 时间：保持10～30秒。

7. 呼吸：在拉伸过程中保持均匀呼吸，不要闭气。

十一、股四头肌静力性伸展技能

（一）股四头肌主动伸展★

1. 目标肌肉：股四头肌。

2. 锻炼目的：提高股四头肌的弹性和伸展性。

3. 设计原理：因为股四头肌近固定向心收缩时有使大腿在髋关节屈、小腿在膝关节伸的功能，所以做个与之相反的动作，大腿在髋关节伸，小腿在膝关节屈，就可以充分拉伸股四头肌。

4. 动作要点：

（1）位置与姿态：两脚左右自然开

图3-1-24　股四头肌主动伸展

立，脚尖稍外展，膝关节自然伸直或微屈朝脚尖方向，骨盆保持中立位，背部挺直，下颌微收，一手扶住固定物维持平衡，伸展腿屈膝使小腿充分折叠，另一手握住伸展腿脚踝稍往上位置。

（2）发力方向：伸展腿小腿充分折叠后，缓慢使大腿向后做伸的动作。

（3）安全要求：缓慢发力，不可爆发用力，躯干保持稳定，骨盆保持中立位，不弯腰弓背。

5. 强度：拉伸至股四头肌有明显的牵拉感或略感不适时，停在这里做静力性伸展。

6. 时间：保持10～30秒。

7. 呼吸：在拉伸过程中保持均匀呼吸，不要闭气。

（二）股四头肌被动伸展★

1. 目标肌肉：股四头肌。

2. 锻炼目的：提高股四头肌的弹性和伸展性。

3.设计原理：因为股四头肌近固定向心收缩时有使大腿在髋关节屈、小腿在膝关节伸的功能，所以做个与之相反的动作，大腿在髋关节伸，小腿在膝关节屈，就可以充分拉伸股四头肌。

4.动作要点：

（1）位置与姿态：让练习者俯卧在垫子上，两腿并拢绷脚尖，膝关节自然伸直，骨盆保持中立位，背部挺直，两

图3-1-25　股四头肌被动伸展

臂伸直扶于地面，教练在练习者体侧，外侧腿在前成弓步，膝关节不要超过脚尖，内侧腿跪在垫上，外侧手握住练习者伸展小腿脚踝稍往上位置，内侧手扶住练习者膝关节稍往上位置。

（2）发力方向：教练用外侧手缓慢将练习者伸展腿脚跟靠近臀部，再用内侧手缓慢抬起练习者的伸展腿。

（3）安全要求：及时询问练习者目标肌肉是否有明显的牵拉感或略感不适，当练习者回应明显的牵拉感或略感不适时，停在这里做静力性伸展，练习者躯干保持稳定，骨盆保持中立位，不弯腰弓背，教练缓慢发力，不可爆发用力。

5.强度：拉伸至股四头肌有明显的牵拉感或略感不适时，停在这里做静力性伸展。

6.时间：保持10～30秒。

7.呼吸：在拉伸过程中保持均匀呼吸，不要闭气。

十二、臀大肌静力性伸展技能

（一）臀大肌主动伸展A★

1.目标肌肉：臀大肌。

2.锻炼目的：提高臀大肌的弹性和伸展性。

3.设计原理：因为臀大肌近固定向心收缩时有使大腿在髋关节伸的功能，所以做一个与之相反的动作，大腿在髋关节屈就可以充分的拉伸到臀大肌。

图3-1-26　臀大肌主动伸展A

4.动作要点

（1）位置与姿态：仰卧平躺在垫上，两脚并拢，膝关节自然伸直，骨盆保持中立位，背部挺直，下颌微收，抬起两腿屈膝，伸展腿靠近踝关节稍往上位置放在非伸展腿膝关节稍往上位置，两手拉住非伸展腿膝关节稍往上位置。

（2）发力方向：缓慢向胸前拉伸展腿。

（3）安全要求：缓慢发力，不可爆发用力，躯干保持稳定，背部不要离开垫子，骨盆保持中立，不弯腰弓背。

5.强度：拉伸至臀大肌有明显的牵拉感或略感不适时，停在这里做静力性伸展。

6.时间：保持10～30秒。

7.呼吸：在拉伸过程中保持均匀呼吸，不要闭气。

（二）臀大肌主动伸展B★

1.目标肌肉：臀大肌。

2.锻炼目的：提高臀大肌的弹性和伸展性。

3.设计原理：因为臀大肌近固定向心收缩时有使大腿在髋关节伸的功能，远固定向心收缩时有使骨盆后倾的功能，所以做一个与之相反的动作，大腿在髋关节屈和骨盆前倾就可以充分的拉伸到臀大肌。

图3-1-27 臀大肌主动伸展B

4.动作要点

（1）位置与姿态：身体直立，手扶固定横杆，抬起伸展腿靠近踝关节稍往上位置放在另一侧腿膝关节稍往上位置，屈膝半蹲，背部挺直，下颌微收，肘关节自然伸直或微屈。

（2）发力方向：缓慢向下发力。

（3）安全要求：缓慢发力，不可爆发用力，躯干保持稳定，不弯腰弓背，支撑腿膝关节不超过脚尖，肘关节不要过伸。

5.强度：拉伸至臀大肌有明显的牵拉感或略感不适时，停在这里做静力性伸展。

6.时间：保持10～30秒。

7.呼吸：在拉伸过程中保持均匀呼吸，不要闭气。

（三）臀大肌被动伸展A★

1. 目标肌肉：臀大肌。

2. 锻炼目的：提高臀大肌的弹性和伸展性。

3. 设计原理：因为臀大肌近固定向心收缩时有使大腿在髋关节伸的功能，所以做一个与之相反的动作，大腿在髋关节屈就可以充分的拉伸到臀大肌。

图3-1-28　臀大肌被动伸展A

4. 动作要点：

（1）位置与姿态：让练习者仰卧平躺在垫子上，抬起两腿屈膝，拉伸腿靠近踝关节稍往上位置放在非拉伸腿膝关节稍往上位置。教练一腿跪在垫子上，另一腿呈弓步，一手握住练习者非伸展腿膝关节以下部位，一手扶住练习者伸展腿膝关节维持稳定。

（2）发力方向：一手缓慢向前推，另一手扶住练习者另一侧腿维持稳定。

（3）安全要求：教练及时询问练习者目标肌肉是否有明显的牵拉感或略感不适，当练习者回应有牵拉感或略感不适时，停在这里做静力性伸展，练习者躯干保持稳定，臀部不要离开垫子，骨盆保持中立，不弯腰弓背，教练缓慢发力，不可爆发用力。

5. 强度：拉伸至臀大肌有明显的牵拉感或略感不适时，停在这里做静力性伸展。

6. 时间：保持10～30秒。

7. 呼吸：在拉伸过程中保持均匀呼吸，不要闭气。

（四）臀大肌被动伸展B★

1. 目标肌肉：臀大肌。

2. 锻炼目的：提高臀大肌的弹性和伸展性。

3. 设计原理：因为臀大肌近固定向心收缩时有使大腿在髋关节伸的功能，所以做一个与之相反的动作，大腿在髋关节屈就可以充分的拉伸到臀大肌。

图3-1-29　臀大肌被动伸展B

4. 动作要点：

（1）位置与姿态：让练习者仰卧平躺在垫子上，抬起伸展腿屈膝外旋，教练在练习者体侧，外侧腿在前成弓步，膝关节不要超过脚尖，内侧腿跪在垫上，将练习者伸展腿踝关节稍往上位置抵住自己前侧腿的踝关节以上位置，两手扶住练习者伸展腿稳定骨盆。

（2）发力方向：教练小腿缓慢向移动，到达一定位置之后，两手缓慢向前推。

（3）安全要求：及时询问练习者目标肌肉是否有明显的牵拉感或略感不适，当练习者回应有牵拉感或略感不适时，停在这里做静力性伸展，练习者躯干保持稳定，臀部不要离开垫子，骨盆保持中立，不弯腰弓背，教练缓慢发力，不可爆发用力。

5. 强度：拉伸至臀大肌有明显的牵拉感或略感不适时，停在这里做静力性伸展。

6. 时间：保持10~30秒。

7. 呼吸：在拉伸过程中保持均匀呼吸，不要闭气。

十三、腓肠肌静力性伸展技能

（一）腓肠肌主动伸展A★

1. 目标肌肉：腓肠肌。

2. 锻炼目的：提高腓肠肌的弹性和伸展性。

3. 设计原理：因为腓肠肌近固定向心收缩时有使小腿在膝关节屈、足在踝关节屈的功能，所以做一个与之相反的动作，小腿在膝关节伸、足在踝关节伸就可以充分拉伸腓肠肌。

图3-1-30 腓肠肌主动伸展

4. 动作要点：

（1）位置与姿态：两脚左右开立与髋同宽，一脚向前迈一大步呈弓步，前腿弓，膝关节不超过脚尖，后腿蹬，膝关节自然伸直或微屈，两脚全脚掌着地，骨盆保持中立位，背部挺直，下颌微收，两手叉腰。

（2）发力方向：髋部缓慢下压。

（3）安全要求：缓慢发力，不可爆发用力，躯干保持稳定，骨盆保持中立，不弯腰弓背，脚后跟不要离开地面，前腿膝关节不超过脚尖，后腿膝关节不要过屈或过伸。

5. 强度：拉伸至腓肠肌有明显的牵拉感或略感不适时，停在这里做静力性伸展。

6. 时间：保持10~30秒。

7. 呼吸：在拉伸过程中保持均匀呼吸，不要闭气。

（二）腓肠肌主动伸展B★

1. 目标肌肉：腓肠肌。

2. 锻炼目的：提高腓肠肌的弹性和伸展性。

3. 设计原理：因为腓肠肌近固定向心收缩时有使小腿在膝关节屈、足在踝关节屈的功能，所以做个与之相反的动作，小腿在膝关节伸、足在踝关节伸就可以充分拉伸腓肠肌。

图3-1-31　腓肠肌主动伸展B

4. 动作要点：

（1）位置与姿态：找到一个固定物，两手扶住固定物，两脚左右开立与髋同宽，脚尖稍外展，膝关节自然伸直或微屈朝脚尖方向，骨盆保持中立位，背部挺直，下颌微收，一脚向前前脚掌踩住固定物，另一腿保持直立稳定。

（2）发力方向：身体缓慢前倾发力。

（3）安全要求：缓慢发力，不可爆发用力，躯干保持稳定，不弯腰弓背。

5. 强度：拉伸至腓肠肌有明显的牵拉感或略感不适时，停在这里做静力性伸展。

6. 时间：保持10~30秒。

7. 呼吸：在拉伸过程中保持均匀呼吸，不要闭气。

（三）腓肠肌被动伸展★

1. 目标肌肉：腓肠肌。

2. 锻炼目的：提高腓肠肌的弹性和伸展性。

3. 设计原理：因为腓肠肌近固定向心收缩时有使小腿在膝关节屈、足在踝关节屈的功能，所以做个与之相反的动作，小腿在膝关节伸、足在踝关节伸就可以充分拉伸腓肠肌。

图3-1-32　腓肠肌被动伸展

4.动作要点：

（1）位置与姿态：让练习者仰卧在垫子上，两脚并拢，膝关节自然伸直或微屈，骨盆保持中立位，腰部保持正常生理曲度，背部挺直，下颌微收，两手放在身体的两侧，掌心朝下，教练在练习者体侧，外侧腿在前成弓步，膝关节不要超过脚尖，内侧腿跪在垫上，一手扶住练习者踝关节稍往上位置，另一只手握住前脚掌。

（2）发力方向：缓慢向下按练习者前脚掌。

（3）安全要求：及时询问练习者目标肌肉是否有明显的牵拉感或略感不适，当练习者回应有牵拉感或略感不适时，停在这里做静力性伸展，练习者躯干保持稳定，骨盆保持中立，膝关节不要过伸，教练缓慢发力，不可爆发用力，不可将练习者腿部向上过分抬起，以免拉伸到股后肌群，产生不适。

5.强度：拉伸至腓肠肌有明显的牵拉感或略感不适时，停在这里做静力性伸展。

6.时间：保持10～30秒。

7.呼吸：在拉伸过程中保持均匀呼吸，不要闭气。

十四、髂腰肌静力性伸展技能

（一）髂腰肌主动伸展★

1.目标肌肉：髂腰肌。

2.锻炼目的：提高髂腰肌的弹性和伸展性。

3.设计原理：因为髂腰肌近固定向心收缩时有使大腿在髋关节屈的功能，所以做一个与之相反的动作，大腿在髋关节伸就可以充分拉伸到髂腰肌。

图3-1-33　髂腰肌主动伸展

4.动作要点：

（1）位置与姿态：两脚左右开立与髋同宽，一侧腿向前迈一大步呈弓步，前脚全脚掌着地，膝关节呈90°，后腿膝关节自然弯曲跪于垫上，骨盆保持中立位，腰背挺直，下颌微收，一手扶住大腿前侧，一手叉腰。

（2）发力方向：髋部慢慢下压。

（3）安全要求：缓慢发力，不可爆发用力，躯干保持稳定，骨盆保持中立，不弯腰弓背，前腿膝关节不超过脚尖。

5. 强度：拉伸至髂腰肌有明显的牵拉感或略感不适时，停在这里做静力性伸展。

6. 时间：保持10～30秒。

7. 呼吸：在拉伸过程中保持均匀呼吸，不要闭气。

（二）髂腰肌被动伸展★

1. 目标肌肉：髂腰肌。

2. 锻炼目的：提高髂腰肌的弹性和伸展性。

3. 设计原理：因为髂腰肌近固定向心收缩时有使大腿在髋关节屈的功能，所以做一个与之相反的动作，大腿在髋关节伸就可以充分拉伸到髂腰肌。

图3-1-34　髂腰肌被动伸展

4. 动作要点：

（1）位置与姿态：让练习者仰卧于按摩床或平板训练凳上，臀部在床边或凳边，背部挺直，腰部保持正常的生理曲度，抬起两腿屈膝，教练面向练习者站立，一手握住练习者非伸展腿小腿靠近膝关节稍往下位置固定该腿，另一手放在练习者伸展腿膝关节稍往上位处。

（2）发力方向：将伸展腿缓慢向下压。

（3）安全要求：及时询问练习者目标肌肉是否有明显的牵拉感或略感不适，当练习者回应有牵拉感或略感不适时，停在这里做静力性伸展，练习者躯干保持稳定，骨盆保持中立，不弯腰弓背，教练缓慢发力，不可爆发用力。

5. 强度：拉伸至髂腰肌有明显的牵拉感或略感不适时，停在这里做静力性伸展。

6. 时间：保持10～30秒。

7. 呼吸：在拉伸过程中保持均匀呼吸，不要闭气。

第二节　动态伸展训练技能

一、行进间抱膝提踵走

1. 目标肌肉：臀大肌、踝关节周围肌肉。

2. 锻炼目的：拉伸臀大肌以增强髋关节屈的动态活动度，激活踝关节周围肌肉增强踝关节的稳定性。

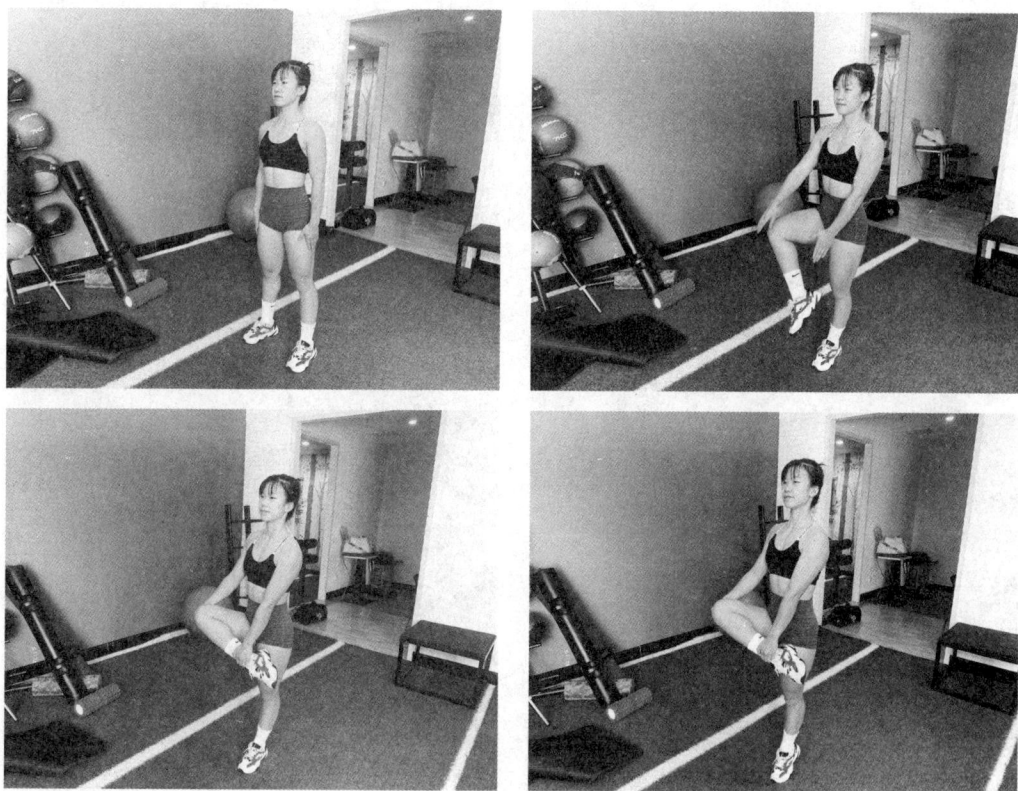

图3-2-1 行进间抱膝提踵走

3. 动作要点：

（1）两脚左右开立与肩同宽，身体直立站立，两手自然下垂置于身体两侧，下颌微收，目视前方。

（2）行进过程中，挺胸收腹，下颚微收，从侧面看耳肩髋成一条直线。屈膝、髋外旋位屈髋，两手抓实小腿向腹部发力靠近，至臀部有明显牵拉感时停留1~2秒。同时支撑腿做提踵动作，两侧交替练习。

4. 安全提示：

训练过程中避免含胸驼背，支撑腿膝关节不要过伸，以免增加腰椎与膝关节的压力，增加受伤风险。

二、侧弓步拉伸

1. 目标肌肉：大腿内收肌群、臀大肌。

2.锻炼目的：拉伸大腿内收肌群增强髋关节外展动态活动度，激活臀大肌。

图3-2-2　侧弓步拉伸

3.动作要点：

（1）两脚并拢身体直立站立，两手十指交叉握拳置于胸前。

（2）挺胸收腹，下颚微收，从侧面看耳肩髋成一条直线。双腿分开宽于肩，脚尖略微向外，膝关节对准脚尖方向，重心向左下至左侧大小腿夹角约90°，右侧大腿内侧有明显牵拉感时停留1~2秒。

4.安全提示：

向下过程中膝不过脚尖，向上过程中膝关节不锁死。全程避免含胸驼背，以免增加腰椎与膝关节的压力，增加受伤风险。

三、交叉弓步拉伸

1.目标肌肉：臀大肌、臀中肌、臀小肌，核心肌群。

2.锻炼目的：拉伸臀大肌、臀中肌、臀小肌，增强髋关节内收、旋转动态活动度，同时激活核心肌肉及增强核心稳定。

图3-2-3　交叉弓步拉伸

3.动作要点：

（1）两脚左右开立与肩同宽，身体直立站立，两臂平行于地面，两手掌心朝下。

（2）挺胸收腹，下颚微收，从侧面看耳肩髋成一条直线，右脚向左脚左前侧跨步顺势半蹲减速制动。然后右腿向右侧跨步还原初始位置，两侧交替练习。

4.安全提示：

前脚膝关节不过脚尖，双膝对准脚尖方向，以免增加膝关节的压力，增加受伤风险。

四、行进间屈膝提踵

1.目标肌肉：股四头肌、踝关节周围肌肉。

2.锻炼目的：拉伸股四头肌增强膝关节的动态活动度，同时激活踝关节周围肌肉，增强踝关节的稳定性。

图3-2-4　行进间屈膝提踵

3.动作要点：

（1）两脚并拢身体直立站立，两手自然下垂置于身体两侧。

（2）行进过程中，挺胸收腹，下颚微收，从侧面看耳肩髋成一条直线。屈膝、伸髋，两手抓实足背向臀部部发力靠近，至大腿前侧有明显牵拉感时停留1～2秒同时支撑腿做提踵动作，双腿交替练习。

4.安全提示：

训练过程中避免含胸驼背，支撑腿膝关节不要过伸，以免增加腰椎与膝关节的压力，增加受伤风险。

五、弓步俯身转体

1.目标肌肉：臀大肌、股四头肌、股后肌群、腹内外斜肌、胸大肌、斜方肌、菱形肌。

2.锻炼目的：拉伸臀大肌、股四头肌、股后肌群、腹内外斜肌、胸大肌、斜方肌、菱形肌、增强髋关节和膝关节屈伸，胸椎旋转、肩胛骨前伸与后缩、肩关节水平屈与水平伸的动态活动度。

图3-2-5 弓步俯身转体

3.动作要点：

（1）两脚并拢身体直立站立，两手自然下垂置于身体两侧。

（2）挺胸收腹，下颚微收，从侧面看耳肩髋成一条直线。左腿向前跨一大步成弓步，膝关节约成90°，右腿微屈。躯干直背俯身向下，左肘靠近左侧脚踝然后向左转体至左手指向天空方向，停顿1~2秒后还原至初始位置，左右交替训练。

4. 安全提示：

训练过程中避免含胸驼背，前侧腿膝关节不过脚尖，后侧腿膝关节不过伸，以免增加腰椎与膝关节的压力，增加受伤风险。

六、弓步直立转体

1. 目标肌肉：臀大肌、股四头肌、股后肌群、腹内外斜肌、核心肌群。

2. 锻炼目的：拉伸臀大肌、股四头肌、股后肌群、腹内外斜肌，增强髋关节和膝关节屈伸，胸椎旋转的动态活动度，激活下肢与核心肌肉。

图3-2-6　弓步俯身转体

3. 动作要点：

（1）两脚并拢身体直立站立，两手掌心相对，两臂自然伸直平行于地面。

（2）挺胸收腹，下颚微收，从侧面看耳肩髋成一条直线。身体直立位，两手抱肩，左腿向前跨一大步成弓步，重心向下移动，左膝关节约成90°夹角，右膝位于右髋正下方。环节向下同时躯干向左侧旋转，停顿1～2秒后还原至初始位置，左右交替训练。

4.安全提示：

训练过程中避免含胸驼背，前侧腿膝关节不过脚尖，直立时膝关节不过伸，以免增加腰椎与膝关节的压力，增加受伤风险。

七、弓步走

1.目标肌肉：臀大肌、股四头肌、股后肌群、核心肌群。

2.锻炼目的：拉伸臀大肌、股四头肌、股后肌群，增强髋关节和膝关节屈伸的动态活动度，激活下肢与核心肌肉。

图3-2-7 弓步走

3.动作要点：

（1）两脚并拢身体直立站立，两臂向两侧打开，肘关节自然弯曲，两手置于耳朵两侧。

（2）身体自然站立，挺胸收腹，下颚微收，从侧面看耳肩髋成一条直线。身体直立位，两手抱肩，左腿向前跨一大步成弓步，重心向下移动，左膝关节约成90°夹角，右膝位于右髋正下方。停顿1~2秒后环节向上发力还原至初始位置，左右交替训练。

4. 安全提示：

训练过程中避免含胸驼背，前侧腿膝关节不过脚尖，直立时膝关节不过伸，以免增加腰椎与膝关节的压力，增加受伤风险。

八、相扑式深蹲（股后肌群动态伸展）

1. 目标肌肉：股后肌群和大腿内收肌群。

2. 锻炼目的：拉伸股后肌群和大腿内收肌群。

图3-2-8　相扑式深蹲

3. 动作要点：

（1）两脚左右开立比肩略宽，身体直立站立，两臂自然下垂置于身体两侧。

（2）身体自然站立，挺胸收腹，下颚微收，从侧面看耳肩髋成一条直线。直背俯身两手在膝关节自然伸直姿态下抓住脚尖，下蹲至躯干与小腿平行，大腿内侧肌肉有明显牵拉感，双肘位于双膝内侧。臀部向上抬高，髋关节伸、膝关节伸至股后肌群有明显牵拉感时停顿1~2秒，重复练习。

4. 安全提示：

训练过程中避免含胸驼背、弯腰，以免增加腰椎的压力，增加受伤风险。

九、燕式平衡

1. 目标肌肉：股后肌群、臀大肌和脊柱伸肌。

2. 锻炼目的：拉伸股后肌群和、臀大肌，增强骨盆前倾的动态活动度，激活脊柱伸肌，提高下肢的稳定性。

图3-2-9　燕式平衡

3. 动作要点：

（1）两脚并拢身体直立站立，两臂自然下垂置于身体两侧。

（2）挺胸收腹，下颚微收，从侧面看耳肩髋成一条直线。两手侧平举，右腿支撑身体，左腿向后伸直，躯干直背俯身向下至躯干与地面平行或至股后肌群有明显牵拉感时停顿1~2秒，左腿向前躯干向上还原至初始位置，左右交替训练。

4.安全提示：

训练过程中避免含胸驼背，支撑腿膝关节不过脚尖、不过伸，对准脚尖方向，以免增加腰椎与膝关节的压力，增加受伤风险。

十、手足爬行

1.目标肌肉：股后肌群、腓肠肌。

2.锻炼目的：拉伸股后肌群、腓肠肌，增强骨盆前倾和膝关节伸的动态活动度，激活躯干前侧、上肢与足底肌肉。

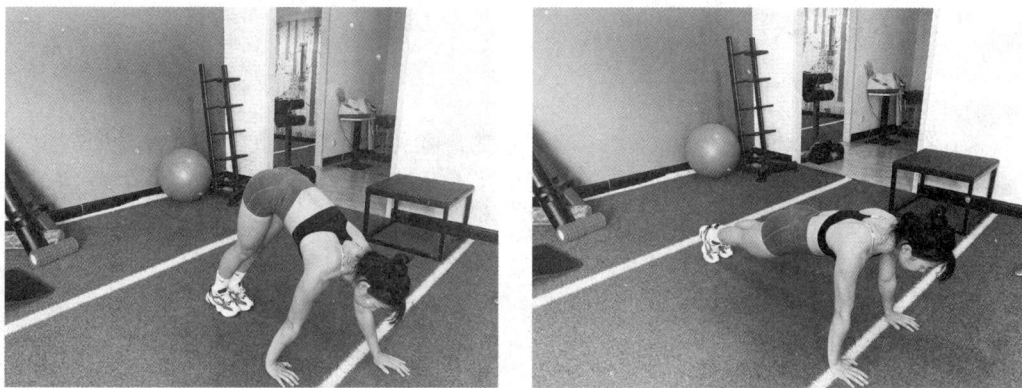

图3-2-10 手足爬行

3.动作要点：

（1）两手俯撑于地面，呈平板状，肘关节自然伸直，双脚自然分开，前脚掌踩实地面。

（2）挺胸收腹，下颚微收，从侧面看耳肩髋膝踝成一条直线。双脚直膝走向两手，至双脚靠近手掌位置或大腿后侧有明显牵拉感，两手向前爬行至初始位置，重复训练。

4.安全提示：

训练过程中避免含胸驼背、弯腰、塌腰，肘关节与膝关节不过伸，以免增加腰椎、肘关节与膝关节的压力，增加受伤风险。

第三节　PNF伸展训练技能

一、股后肌群PNF伸展★★

（一）设计原理

股后肌群近固定向心收缩时有使大腿在髋关节处伸、小腿在膝关节处屈的功能，因此做相反的动作，大腿在髋关节处屈、小腿在膝关节处伸就可以拉伸到股后肌群。一个完整的股后肌群PNF循环从对抗6秒、放松1、2秒，到15～30秒的静力性伸展结束。

（二）身体位置与姿态

1. 练习者身体位置与姿态。

让练习者仰卧平躺在瑜伽垫上，两脚并拢，膝关节自然伸直，骨盆保持中立位，腰部保持正常的生理曲度，上背部、头后部紧贴垫子，下颌微收，两手放在身体的两侧，掌心朝下。

2. 教练身体位置与姿态。

教练采用单腿跪姿，外侧腿呈弓步，脚尖朝前，膝关节不超过脚尖，内侧腿跪在瑜伽垫上，骨盆保持中立位，背部挺直，下颌微收，将练习者拉伸腿抬起，放在教练近侧肩膀上，两手扶住练习者大腿膝关节稍往上位置。教练告知练习者，接下来在拉伸的过程中会有身体上的接触，请练习者不要介意。

图3-3-1　股后肌群PNF伸展

（三）动作要点

1. 首先做15~30秒的静力性伸展：教练身体重心向前缓缓移动，逐渐拉伸到练习者的股后肌群，告知练习者的股后肌群有明显牵拉感或略感不适时向教练示意（缓慢进行，不断询问），当练习者回应股后肌群有明显牵拉感或略感不适时，告知练习者停在这里做静力性的伸展，持续15~30秒，并保持均匀的呼吸（教练宣布开始，倒数计时，直到结束）。

2. 接下来股后肌群做等长收缩与教练对抗6秒：练习者做伸髋屈膝的动作（小腿向下勾、大腿向下压）与教练对抗6秒钟，并保持均匀的呼吸（教练宣布开始，倒数计时，直到结束）。

3. 接下来股后肌群原位放松1、2秒，并保持均匀的呼吸。

4. 接下来做加大强度15~30秒的静力性伸展：教练身体重心向前缓缓移动，逐渐拉伸到练习者的股后肌群，告知练习者的股后肌群再次有明显牵拉感或略感不适时向教练示意（缓慢进行，不断询问），当练习者回应股后肌群有明显牵拉感或略感不适时，告知练习者停在这里做静力性的伸展，持续15~30秒，并保持均匀的呼吸（宣布开始，倒数计时，直到结束）。

5. 告知练习者一个完整的股后肌群PNF拉伸结束（第一个15~30秒的静力性伸展只是对身体的一个预热，完整循环是：对抗6秒、原位放松1、2秒、15~30秒的静力性伸展结束，一般重复3~5次，各次之间没有明显的间隔时间。），询问是否需要继续。

二、胸大肌PNF伸展技能★★

（一）设计原理

胸大肌近固定向心收缩时有使上臂在肩关节处水平屈的功能，因此做相反的动作，上臂在肩关节处水平伸的动作就可以拉伸到胸大肌。一个完整的胸大肌PNF循环从对抗6秒、放松1、2秒，到15~30秒的静力性伸展结束，一般重复3~5次，各次之间没有明显的间隔时间。

（二）身体位置与姿态

1. 练习者身体位置与姿态。

让练习者坐在直角板凳上，两脚左右开立，与肩同宽，脚尖朝前，膝关节自然弯曲朝脚尖方向，骨盆保持中立位，腰背挺直紧贴椅背，下颌微收，两臂抬起置于身体两侧，肘关节自然弯曲，两手放在耳朵两侧。

2. 教练身体位置与姿态。

教练站在练习者后方，两脚前后站立，膝关节自然伸直，骨盆保持中立位，背部挺直，下颌微收，两手从上向下握住练习者肘部稍往上位置，用胸部抵住直角板凳椅背，教练告知练习者，接下来在拉伸的过程中会有身体上的接触，请练习者不要介意。

图3-3-2 胸大肌PNF伸展

（三）动作要点

1. 首先练习者做15～30秒的静力性伸展：教练用胸部抵住直角板凳椅背，两手握住练习者肘部稍往上位置向后发力，告知练习者的胸大肌有明显牵拉感或略感不适时向教练示意（缓慢进行，不断询问），当练习者回应胸大肌有明显牵拉感或略感不适时，告知练习者停在这里做静力性的伸展，持续15～30秒，并保持均匀的呼吸（教练宣布开始，倒数计时，直到结束）。

2. 接下来练习者胸大肌做中等或较大强度的等长收缩：练习者做上臂在肩关节水平屈（夹胸）的动作与教练对抗6秒钟，并保持均匀的呼吸（宣布开始，倒数计时，直到结束）。

3. 接下来练习者做原位放松1、2秒，并保持均匀的呼吸。

4. 接下来练习者做加大强度15～30秒的静力性伸展：教练用胸部抵住直角板凳椅背，两手握住练习者肘部稍往上位置向后发力，告知练习者的胸大肌再次有明显牵拉感或略感不适时向教练示意（缓慢进行，不断询问），如有，告知练习者这是一个静力性的伸展，持续15～30秒，并进行均匀的呼吸（宣布开始，倒数计时，直到结束）。

5. 告知练习者一个完整的胸大肌PNF拉伸结束（第一个15～30秒的静力性伸展只是对身体的一个预热，完整循环是：对抗6秒、原位放松1、2秒、15～30秒的静力性伸展结束，一般重复3～5次，各次之间没有明显的间隔时间。），询问是否需要继续。

第四节 泡沫轴放松训练技能

一、斜方肌泡沫轴练习★★

（一）身体位置与姿态

把泡沫轴放在瑜伽垫合适的位置上，练习者坐在瑜伽垫上，两脚左右开立踩实地面，脚尖朝前，膝关节自然弯曲朝脚尖方向，背部挺直，下颌微收，两手相叠置于头后部，身体向后仰卧于泡沫轴上，泡沫轴位于斜方肌下方，缓缓滚动1～2分钟。

图3-4-1 斜方肌泡沫轴练习

（二）注意事项

1. 滚动过程中如遇疼痛部位，应在疼痛部位停留20～30秒，直至疼痛度下降50%～75%。

2. 滚动过程中保持正常呼吸，不要憋气。

3. 整个动作过程中保持核心部位收紧。

二、背阔肌泡沫轴练习★★

（一）身体位置与姿态

把泡沫轴放在瑜伽垫合适的位置上，练习者侧身坐在瑜伽垫上，背部挺直，下颌微收，两手置于瑜伽垫上稳定身体，泡沫轴位于接近地面的背阔肌下面，缓缓使背阔肌在泡沫轴上滚动1～2分钟。

图3-4-2 背阔肌泡沫轴练习

（二）注意事项

1. 滚动过程中如遇疼痛部位，应在疼痛部位停留20～30秒，直至疼痛度下降50%～75%。

2. 滚动过程中保持正常呼吸，不要憋气。

3. 整个动作过程中保持核心部位收紧。

三、臀大肌、臀中肌、臀小肌、梨状肌泡沫轴练习★★

（一）身体位置与姿态

把泡沫轴放在瑜伽垫合适的位置上，练习者坐在泡沫轴上，目标放松部位所在腿抬起，盘于支撑腿之上，背部挺直，下颌微收，异侧手扶住放松腿膝关节以下位置，另一侧手支撑于地面稳定身体，泡沫轴位于的臀大肌/臀中肌/臀小肌/梨状肌下面，缓缓使背臀大肌/臀中肌/臀小肌/梨状肌在泡沫轴上滚动1～2分钟。

图3-4-3 臀大肌、臀中肌、臀小肌、梨状肌泡沫轴练习

（二）注意事项

1．滚动过程中如遇疼痛部位，应在疼痛部位停留20~30秒，直至疼痛度下降50%~75%。

2．滚动过程中保持正常呼吸，不要憋气。

3．整个动作过程中保持核心部位收紧。

四、股四头肌泡沫轴练习★★

（一）身体位置与姿态

把泡沫轴放在瑜伽垫合适的位置上，练习者俯卧在瑜伽垫上，两脚自然分开，背部挺直，下颌微收，前臂贴近地面，上臂垂直于地面，屈肘呈90°，泡沫轴位于大腿股四头肌的下面，缓缓使股四头肌在泡沫轴上滚动1~2分钟。

图3-4-4　股四头肌泡沫轴练习

（二）注意事项

1．滚动过程中如遇疼痛部位，应在疼痛部位停留20~30秒，直至疼痛度下降50%~75%。

2．滚动过程中保持正常呼吸，不要憋气。

3．整个动作过程中保持核心部位收紧。

五、股后肌群泡沫轴练习★★

（一）身体位置与姿态

把泡沫轴放在瑜伽垫合适的位置上，练习者坐在瑜伽垫上，两脚自然分开，双腿伸直，背部挺直，下颌微收，两臂自然伸直撑于地面，泡沫轴位于大腿鸡皮侧，时泡沫轴在臀部及膝关节之间缓缓滚动1～2分钟。

图3-4-5　股后肌群泡沫轴练习

（二）注意事项

1. 滚动过程中如遇疼痛部位，应在疼痛部位停留20～30秒，直至疼痛度下降50%～75%。

2. 滚动过程中保持正常呼吸，不要憋气。

3. 整个动作过程中保持核心部位收紧。

六、髋内收肌群（股薄肌、长收肌、大收肌等）泡沫轴练习★★

（一）身体位置与姿态

把泡沫轴放在瑜伽垫旁边合适的位置上，练习者俯卧在瑜伽垫上，两脚左右开立，脚尖朝下，骨盆保持中立位，背部挺直，下颌微收，前臂贴近地面，上臂垂直于地面，屈肘呈90°，放松腿抬起，俯身躯干及骨盆微微旋转，泡沫轴位于放松腿内侧下方，使泡沫轴在髋关节至膝关节之间缓缓滚动1～2分钟。

图3-4-6　髋内收肌群（股薄肌、长收肌、大收肌等）泡沫轴练习

（二）注意事项

1. 滚动过程中如遇疼痛部位，应在疼痛部位停留20～30秒，直至疼痛度下降50%～75%。

2. 滚动过程中保持正常呼吸，不要憋气。

3. 整个动作过程中保持核心部位收紧。

七、筋膜阔张肌泡沫轴练习★★

（一）身体位置与姿态

把泡沫轴放在瑜伽垫合适的位置上，练习者侧卧坐在瑜伽垫上，背部挺直，下颌微收，两手置于瑜伽垫上稳定身体，俯身躯干及骨盆微微旋转，泡沫轴位于放松腿的髂前上棘下方，时泡沫轴在髋骨外侧缓缓滚动1～2分钟。

图3-4-7　阔筋膜张肌泡沫轴练习

（二）注意事项

1. 滚动过程中如遇疼痛部位，应在疼痛部位停留20～30秒，直至疼痛度下降50%～75%。

2. 滚动过程中保持正常呼吸，不要憋气。

3. 整个动作过程中保持核心部位收紧。

八、髂胫束泡沫轴练习★★

（一）身体位置与姿态

把泡沫轴放在瑜伽垫合适的位置上，练习者侧卧坐在瑜伽垫上，背部挺直，下颌微收，放松腿同侧手前臂贴近地面，上臂垂直地面，肘关节呈90°，另一侧手置于同侧腿上方，上方腿弯曲支撑身体，下方腿自然伸直，自髂骨起至膝关节止缓缓滚动1～2分钟。

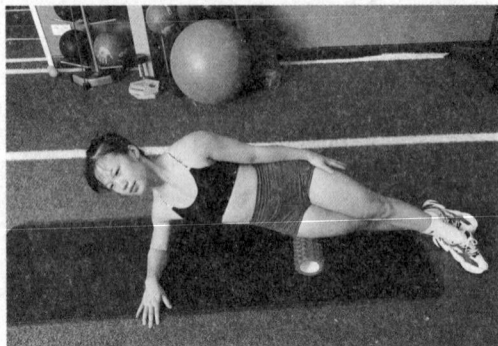

图3-4-8　髂胫束泡沫轴练习

（二）注意事项

1. 滚动过程中如遇疼痛部位，应在疼痛部位停留20～30秒，直至疼痛度下降50%～75%。

2. 滚动过程中保持正常呼吸，不要憋气。

3. 整个动作过程中保持核心部位收紧。

九、腓肠肌、比目鱼肌泡沫轴练习★★

（一）身体位置与姿态

把泡沫轴放在瑜伽垫合适的位置上，练习者坐在瑜伽垫上，双腿伸直交叉，背部挺直，下颌微收，两臂自然伸直撑于地面，泡沫轴位于下方腿小腿后侧，时泡沫轴在膝关节和踝关节之间缓缓滚动1～2分钟。

图3-4-9　腓肠肌、比目鱼肌泡沫轴练习

（二）注意事项

1. 滚动过程中如遇疼痛部位，应在疼痛部位停留20～30秒，直至疼痛度下降50%～75%。

2. 滚动过程中保持正常呼吸，不要憋气。

3. 整个动作过程中保持核心部位收紧。

十、胫骨前肌泡沫轴练习★★

（一）身体位置与姿态

把泡沫轴放在瑜伽垫合适的位置上，练习者俯撑于瑜伽垫上，背部挺直，下颌微收，放松侧前臂贴近瑜伽垫，上臂垂直于瑜伽垫，肘关节呈90°，另一侧手撑于瑜伽垫，肘关节自然弯曲，俯身躯干及骨盆微微旋转，上方腿弯曲位于下方腿小腿上，泡沫轴位于下方腿小腿前侧，使泡沫轴在膝关节和踝关节之间缓缓滚动1～2分钟。

图3-4-10 胫骨前肌泡沫轴练习

（二）注意事项

1. 滚动过程中如遇疼痛部位，应在疼痛部位停留20～30秒，直至疼痛度下降50%～75%。

2. 滚动过程中保持正常呼吸，不要憋气。

3. 整个动作过程中保持核心部位收紧。

第四章　有氧训练技能

第一节　有氧器械技能

一、跑步机练习技术★

1. 使用器械：跑步机。

2. 训练目的：提高心肺耐力。

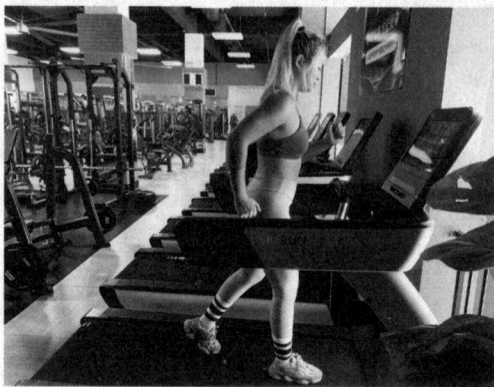

图4-1-1　跑步机练习技术

3. 中轴姿态：头、躯干保持自然正直，挺胸、收腹、双眼平视，肩部放松，从侧面看，耳、肩、髋保持在同一条垂直于地面的直线上。

4. 上肢技术要点：摆臂动作与腿部动作要协调配合，摆臂的速度要与步频相同。当左脚前迈时，右臂前摆，另侧相反。摆臂时，肩部放松，手掌自然半握拳。快速行走时，屈肘约90°，这样可使摆臂动作更快。手臂向前并向内侧摆动时，手可以接近胸部高度，但不要超过身体的正中面，向后摆动时，手可以接近臀部高度。

5. 下肢技术要点：要保持髋部放松，脚后跟外侧先着地，然后迅速过渡到脚后跟内侧，再过渡到前脚掌，最后前脚掌离地。脚掌不要过度内翻或外翻，避免造成下肢关节损伤。

6. 安全注意事项：脚掌不要过度内翻或外翻，膝关节不要过伸，避免造成下肢关节损伤。跑步机步行速度的调整由慢到快逐渐加快，不要回头或者长时间闭眼，下跑步机时应先停下跑带运转。

7. 演示动作的熟练性。

二、椭圆机练习技术★

1. 使用器械：椭圆机。

2. 训练目的：提高心肺耐力。

图4-1-2 椭圆机练习技术

3. 中轴姿态：头、躯干保持自然正直，挺胸、收腹、双眼平视，肩部放松，从侧面看，耳、肩、髋保持在同一条垂直于地面的直线上。

4. 上肢技术要点：两手轻握把手，能够保持平衡即可，不要使身体重量落在把手上；能够维持平衡者，可将两手完全放开，屈肘关节约90°，自然放松摆动。

5. 下肢技术要点：双脚放在脚踏上，脚尖自然朝向前方，膝关节对准脚尖。

6. 安全注意事项：上体不要过分前倾，使腰背部压力过大，不要左右摆动，屈膝时，膝关节不要超过脚尖的垂直线，伸膝时，不要锁膝。

7. 演示动作的熟练性。

三、固定自行车练习技术★

1. 使用器械：固定自行车。

2. 训练目的：提高心肺耐力。

图4-1-3 固定自行车练习技术

3. 中轴姿态：握住器械把手后，上体保持自然正直的姿态，也可略微前倾，但不能弯腰弓背。

4. 上肢技术要点：两手轻握把手，能够保持平衡即可。

5. 下肢技术要点：调整合适的座椅高度，脚位于高点的脚踏上时，同侧腿应该保持在髋部高度，约与地面平行，另一条腿的膝盖应保持微屈状态，双脚分别放在脚踏上，脚尖自然朝向前方，膝关节对准脚尖。

6. 安全注意事项：上体不要过分前倾，使腰背部压力过大，不要左右摆动，屈膝时，膝关节不要超过脚尖的垂直线，伸膝时，不要锁膝。不能弯腰弓背，适合体重较大或者膝关节有伤的练习者。

7. 演示动作的熟练性。

第二节 户外运动技能

一、户外行走练习技术

1. 有氧名称：户外行走。

2. 训练目的：提高心肺耐力。

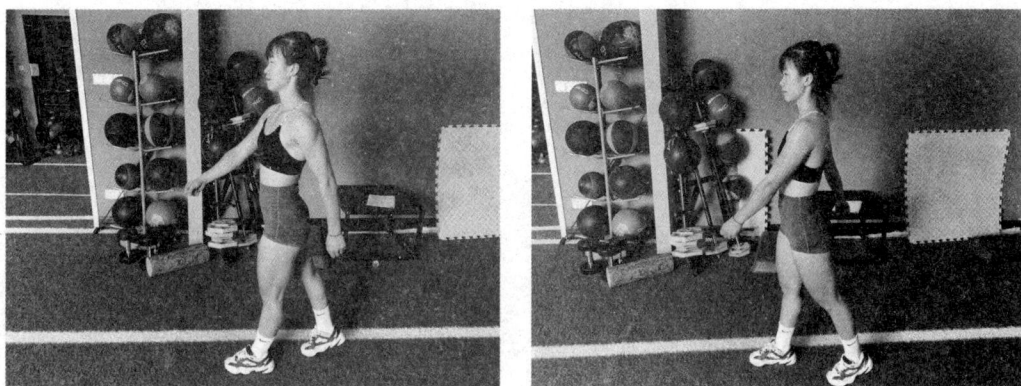

图4-2-1　户外行走练习技术

3. 中轴姿态：躯干保持自然、正直的姿态，挺胸、收腹，双眼平视，肩部放松，从侧面看，耳朵、肩部、髋部保持在同一条垂直于地面的直线上。

4. 上肢技术要点：手掌自然半握拳，屈肘约90°，手臂向前并向内侧摆动时，手可以接近胸部高度，但不要超过身体正中面；手臂向后摆时，手可以接近臀部高度。

5. 下肢技术要点：保持髋部放松，脚后跟后侧先着地，然后迅速过渡到脚后跟内侧，再过渡到前脚掌，最后前脚掌离地。脚掌不要过度内翻或外翻，否则可能会造成下肢关节损伤。

6. 安全注意事项：上体不要过分前倾，使腰背部压力过大，不要左右摆动。屈膝时，膝关节不要超过脚尖的垂直线，伸膝时，不要锁膝。不能弯腰弓背，脚掌不要过度内翻或外翻，否则可能会造成下肢关节损伤；最好在较软的、平整的路面上进行，不要在较硬的路面（如柏油路、水泥路）上进行，以避免给下肢关节造成损伤。不要在人多、车多的地方练习，避免出现意外。不要在空气质量较差的地方及天气不好（大风、大雨、下雪）的情况下进行，以免对健康不利或者出现意外。

7. 演示动作的熟练性。

二、户外跑步练习技术

1. 有氧名称：户外跑步。

2. 训练目的：提高心肺耐力。

图4-2-2 户外跑步练习技术

3. 中轴姿态：躯干保持自然、正直的姿态，挺胸、收腹，双眼平视，肩部放松，从侧面看，耳朵、肩部、髋部保持在同一条垂直于地面的直线上。

4. 上肢技术要点：手掌自然半握拳，屈肘约90°，手臂向前并向内侧摆动时，手可以接近胸部高度，但不要超过身体正中面；手臂向后摆时，手可以接近臀部高度。

5. 下肢技术要点：保持髋部放松，脚后跟后侧先着地，然后迅速过渡到脚后跟内侧，再过渡到前脚掌，最后前脚掌离地。脚掌不要过度内翻或外翻，否则可能会造成下肢关节损伤。

6. 上体不要过分前倾，使腰背部压力过大，不要左右摆动。屈膝时，膝关节不要超过脚尖的垂直线，伸膝时，不要锁膝。不能弯腰弓背，脚掌不要过度内翻或外翻，否则可能会造成下肢关节损伤；最好在较软的、平整的路面上进行，不要在较硬的路面（如柏油路、水泥路）上进行，以避免给下肢关节造成损伤。不要在人多、车多的地方练习，避免出现意外。不要在空气质量较差的地方及天气不好（大风、大雨、下雪）的情况下进行，以免对健康不利或者出现意外。

7. 演示动作的熟练性。

三、户外踏板练习技术

1. 有氧名称：踏板。

2. 训练目的：提高心肺耐力。

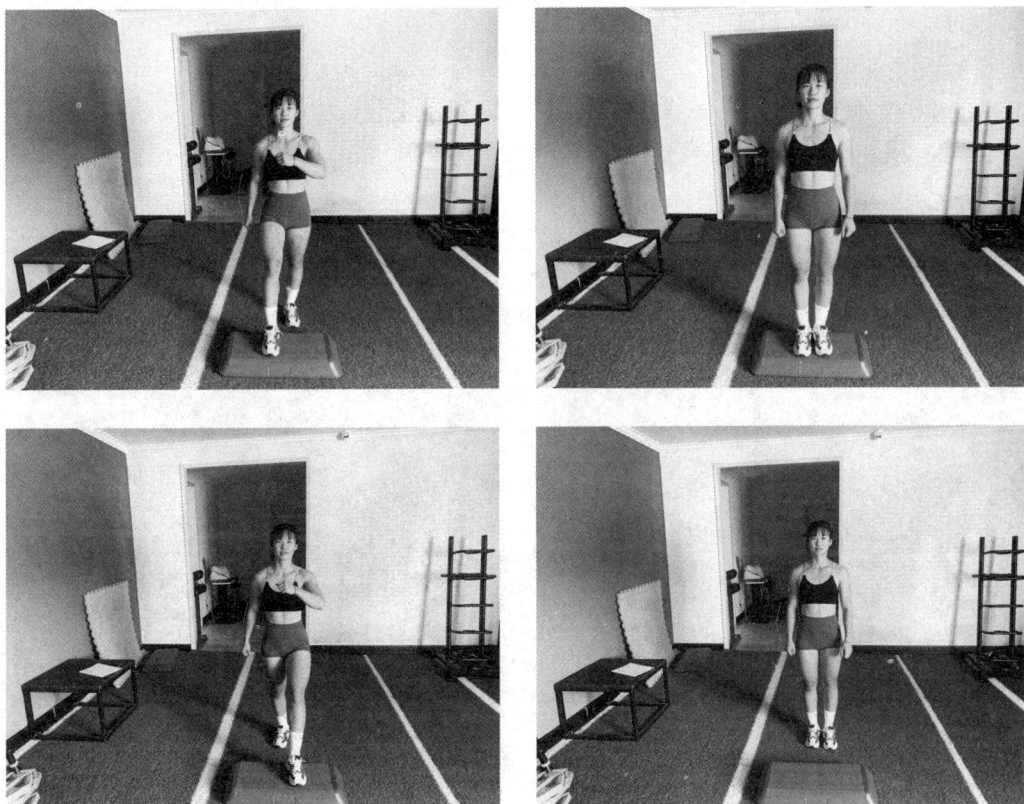

图4-2-3　户外踏板练习技术

3. 中轴姿态：躯干保持自然、正直的姿态，挺胸、收腹，双眼平视，肩部放松，从侧面看，耳朵、肩部、髋部保持在同一条垂直于地面的直线上。

4. 上肢技术要点：手掌自然半握拳，屈肘约90°，手臂向前并向内侧摆动时，手可以接近胸部高度，但不要超过身体正中面；手臂向后摆时，手可以接近臀部高度。

5. 下肢技术要点：上踏板时，应将脚踏在踏板的中央，避免踩于踏板边缘，下板时，由前脚掌着地过渡到全脚掌，缓冲落地，避免踝、膝、腰的受伤。

6. 安全注意事项：明确踏板练习不适合膝关节有伤的练习者。进行练习时，踏板应稳固地放在地上，避免晃动。踏板高度因人而异，一般为10～30 cm，初学者不超过20 cm。双脚与踏板距离要因人而异，一般约为30 cm。上体不要过分前倾，使腰背部压力过大；不要左右摆动；屈膝时，膝关节不要超过脚尖的垂直线，伸膝时，不要锁膝；不能弯腰弓背；脚掌不要过度内翻或外翻，否则可能会造成下肢关节损伤；上踏板时，应将脚踏在踏板的中央，避免踩于踏板边缘，下板时，由前脚掌着地过渡到全脚掌，缓冲落地，避免踝、膝、腰的受伤。可跳上踏板，但不可调下踏板。做复杂动作时，不要负重，以确保安全。

7.演示动作的熟练性。

四、户外跳绳练习技术

1.有氧名称：跳绳。

2.训练目的：提高心肺耐力。

图4-2-4　户外跳绳练习技术

3.中轴姿态：躯干保持自然、正直的姿态，挺胸、收腹，双眼平视，肩部放松，从侧面看，耳朵、肩部、髋部保持在同一条垂直于地面的直线上。

4.上肢技术要点：两手分别握住绳两端的把手，通常以一脚踩住绳子中间，两臂屈肘将前臂抬平，绳子被拉直即为适合的长度。向前摇时，上臂靠近身体两侧，肘关节稍外展，上臂近似水平，用手腕发力做外展内旋运动，使两手在体侧做画圈的动作。每摇动一次，绳子从地面经身后向上向下，回旋一周，绳子转动的速度和手摇绳的速度成正比，摇动越快，则绳子回旋越快。双肩自然放松，使手腕，肘关节、肩关节均匀发力。

5. 下肢技术要点：双脚并拢，双膝微屈，运动中始终用前脚掌着地，脚后跟不着地，保持脚尖朝前，膝关节要同脚尖对齐。当落地屈膝时，膝关节不要超过脚尖，跳起来伸膝时，不要锁膝或过分伸直。注意脚踝、膝关节的缓冲，使动作看起来富有弹性。

6. 安全注意事项：上体不要过分前倾，使腰背部压力过大，不要左右摆动，屈膝时，膝关节不要超过脚尖的垂直线，伸膝时，不要锁膝，不能弯腰弓背。脚掌不要过度内翻或外翻，否则可能会造成下肢关节损伤；要用前脚掌起跳和落地，切记不要用全脚或脚跟落地，以避免脑部受到震动。当跃起时，不要极度弯曲身体，要成为自然弯曲的姿势。跳时，呼吸要有节奏。注意保持均匀的呼吸，尽量用鼻子呼吸。

7. 演示动作的熟练性。

第三节 动感单车技能

动感单车练习技术

1. 使用器械：动感单车。

2. 训练目的：提高心肺耐力。

图4-3-1 动感单车练习技术

3. 中轴姿态：头、躯干保持自然正直，挺胸、收腹、双眼平视，肩部放松，从侧面看，耳、肩、髋保持在同一条垂直于地面的直线上。

4. 上肢技术要点：两手依据教练口令抓住1、2、3或4把位，肘关节自然伸直或弯曲，上肢肌肉一般不发力，整个上肢也可随着教练的口令坐车相应的动作。

5. 下肢技术要点：向上时大腿和地面平行，向下时，膝关节微屈不过伸。脚尖朝前，膝关节自然弯曲朝脚尖方向，骑行过程中应该始终让脚底与地面平行。膝、髋关节保持协调，身体不要左右摆动。

6. 安全注意事项：

（1）练习之前做好充分的热身运动，避免肌肉拉伤。

（2）练习之前检查单车是否损坏，避免危险事故发生。

（3）练习之前调整单车的座位高度与前后位置，上车后使上面腿在最高位置时与地面平行，向下时膝关节微屈。调整合适的把位高度。

（4）系紧鞋带，把蹬板上的安全锁扣系紧，以免在高速蹬踏时脚脱蹬发生磕碰危险。

（5）练习动感单车膝关节和腰部着力较大，有膝关节和腰椎病痛的练习者不能参加此项运动。

7. 演示动作的熟练性。

第五章　健身计划技能

第一节　抗阻训练健身计划技能

一、抗阻训练负荷强度和重复次数

（1）RM（Repetition Maximum）：RM是指对于某一固定负荷可能举起的最高重复次数。对于同一重量，不同的人所能举起的RM不同。如在做卧推的动作时，杠铃重量为50 kg，练习者A能完成的最高次数为5次，用5RM表示；练习者B能完成的最高次数为10次，用10RM表示；练习者C能完成的最高次数为15次，用15RM表示。

（2）发展肌肉力量与肌肉耐力强度。

发展肌肉力量为主的抗阻强度：1～6RM。发展肌肉体积为主的抗阻强度：6～12RM。发展肌肉耐力为主的抗阻强度：≤12RM。初学者一般采用12～15RM的抗阻强度较为合适，中老年人（50岁以上）一般采用10～12RM的抗阻强度。

二、抗阻训练方法

（1）基本练习法：预先测定练习者10RM的重量，分别完成10次/组，总计3组的抗阻训练动作，动作强度依次为50%、75%和100%。具体如下：

第一组：10次动作，50%×10RM重量。

第二组：10次动作，75%×10RM重量。

第三组：10次动作，100%×10RM重量。

（2）金字塔练习法：预先测定练习者1RM的重量，依据百分比增加重量，减少次数。具体如下：

第一组：12次动作，50%×1RM重量。

第二组：10次动作，60%×1RM重量。

第三组：8次或力竭，70%×1RM重量。

（3）重量递减练习法：同金字塔练习法相反，重量逐渐减少，次数逐渐增加。具体如下：

第一组：6~8次或力竭，100%×10RM重量。

第二组：10~12次或力竭，80%×10RM重量。

第三组：13~15次或力竭，60%×10RM重量。

第四组：16~18次或力竭，40%×10RM重量。

三、抗阻训练计划内容

训练目的	运动频率	运动时间	运动强度	完成组数	训练方法	基本练习法	训练原则
提高肌肉力量 提高肌肉耐力 增加肌肉体积	依据训练水平2~7次/周	取决于训练水平，一般不高于60分钟	发展力量：1~6RM	发展耐力：6~12RM 发展体积：≤12RM	初学者开始阶段：单组训练 训练水平较高阶段：发展肌肉力量与体积：3~6组；发展肌肉耐力：2~3组。	金字塔练习法 重量递减练习法 强迫次数练习法 退让练习法	超负荷 特殊性 渐进性

四、增肌训练计划案例

（一）练习者情况介绍

李先生，某健身俱乐部练习者，基本情况：年龄40岁，身高175 cm，体重65 kg，体脂百分比16%，心肺耐力较好，柔韧性较差，肌肉力量与耐力一般，想强壮肌肉。由于李先生是高校教师，平时有氧运动居多，在学校内每周打篮球和踢足球。每周可以到俱乐部锻炼3次，每次2~2.5个小时。

（二）练习者健身目标

李先生的健身目标想让自己身体强壮、肌肉更加健美，体重达到72.5 kg，提高肌肉的力量与耐力及良好的心肺耐力。

（三）健身目标分析

按每周增加0.5 kg计算，15周可增加7.5 kg，为完成健身目标，制订15周的健身计划如下。

（四）15周增肌运动计划设计参考

1. 第1～5周运动计划设计（周一、周三、周五18:00—20:00）。

（1）周一运动计划。

热身训练

内容	强度（%HRR）	时间	备注
动态伸展	60	10分钟	

抗阻训练（胸腹及背部肌肉）

内容	强度（RM）	组数	备注
器械胸部推举	15	2～3	
器械坐姿卷腹	15	2～3	
器械跪姿转体	15	2～3	
器械高位下拉	15	2～3	
器械坐姿划船	15	2～3	
器械俯卧挺身	25	2～3	

有氧练习

内容	强度（%HRR）	时间	备注
跑步机	60	15分钟	

拉伸练习

内容	强度	时间	备注
静力性伸展	目标肌肉充分拉伸	每组15～30秒	3～5组

（2）周三运动计划。

热身训练

内容	强度（%HRR）	时间	备注
动态伸展	60	10分钟	

抗阻训练（臀、腿部肌肉）

内容	强度（RM）	组数	备注
器械腿下蹲	15	2~3	
器械腿弯举	15	2~3	
器械腿屈伸	15	2~3	
器械提踵	15	2~3	
器械腿内收	15	2~3	
器械腿外展	25	2~3	

有氧练习

内容	强度（%HRR）	时间	备注
有氧自行车	60	15分钟	

拉伸练习

内容	强度	时间	备注
静力性伸展	目标肌肉充分拉伸	每组15~30秒	3~5组

（3）周五运动计划。

热身训练

内容	强度（%HRR）	时间	备注
动态伸展	60	10分钟	

抗阻训练（手臂、肩部肌肉）

内容	强度（RM）	组数	备注
器械坐姿推举	15	2~3	
器械坐姿飞鸟	15	2~3	
器械侧平举	15	2~3	
器械坐姿臂弯举	15	2~3	
器械坐姿臂屈伸	15	2~3	

有氧练习

内容	强度（%HRR）	时间	备注
划船器	60	15分钟	

拉伸练习

内容	强度	时间	备注
静力性伸展PNF	目标肌肉充分拉伸	每组15~30秒	3~5组

2. 第6~10周运动计划设计（周一、周三、周五18:00—20:00）。

（1）周一运动计划。

热身训练

内容	强度（%HRR）	时间	备注
动态伸展	70	10分钟	

抗阻训练（胸腹及腹部肌肉）

内容	强度（RM）	组数	备注
史密斯胸部推举	12	3	
弹力带跪姿卷腹	12	3	
拉力器站姿转体	12	3	
器械高位下拉	12	3	
史密斯俯身划船	12	3	
史密斯屈膝硬拉	12	3	

有氧练习

内容	强度（%HRR）	时间	备注
跑步机	70	15分钟	

拉伸练习

内容	强度	时间	备注
静力性伸展	目标肌肉充分拉伸	每组15~30秒	3~5组

（2）周三运动计划。

热身训练

内容	强度（%HRR）	时间	备注
动态伸展	70	10分钟	

抗阻训练（臀、腿部肌肉）

内容	强度（RM）	组数	备注
杠铃深蹲	12	3	
弹力带后摆腿	12	3	
器械腿屈伸	12	3	
哑铃提踵	12	3	
拉力器腿内收	12	3	
拉力器腿外展	12	3	

有氧练习

内容	强度（%HRR）	时间	备注
有氧自行车	70	20分钟	

拉伸练习

内容	强度	时间	备注
静力性伸展	目标肌肉充分拉伸	每组15~30秒	3~5组

（3）周五运动计划。

热身训练

内容	强度（%HRR）	时间	备注
动态伸展	70	10分钟	

抗阻训练（手臂、肩部肌肉）

内容	强度（RM）	组数	备注
拉力器站姿臂弯举	12	3	
弹力带站姿反飞鸟	12	3	
弹力带侧平举	12	3	
弹力带前平举	12	3	
拉力器站姿臂屈伸	12	3	

有氧练习

内容	强度（%HRR）	时间	备注
划船器	70	20分钟	

拉伸练习

内容	强度	时间	备注
静力性伸展PNF	目标肌肉充分拉伸	每组15～30秒	3～5组

3. 第11～15周运动计划设计（周一、周三、周五18:00—20:00）。

（1）周一运动计划。

热身训练

内容	强度（%HRR）	时间	备注
动态伸展	80	10分钟	

抗阻训练（胸腹、背部肌肉）

内容	强度（RM）	组数	备注
杠铃平板推胸	10	3	
拉力器跪姿卷腹	10	3	
拉力器站姿转体	10	3	
哑铃俯身单臂划船	10	3	
杠铃俯身划船	10	3	
杠铃屈膝硬拉	10	3	

有氧练习

内容	强度（%HRR）	时间	备注
跑步机	80	20分钟	

拉伸练习

内容	强度	时间	备注
静力性伸展	目标肌肉充分拉伸	每组15～30秒	3～5组

（2）周三运动计划。

热身训练

内容	强度（%HRR）	时间	备注
动态伸展	80	10分钟	

抗阻训练（臀、腿部肌肉）

内容	强度（RM）	组数	备注
哑铃深蹲	10	3	
拉力器后摆腿	10	3	
哑铃箭步蹲	10	3	
哑铃坐姿提踵	10	3	
弹力带站姿腿内收	10	3	
弹力带站姿腿外展	10	3	

有氧练习

内容	强度（%HRR）	时间	备注
有氧自行车	80	20分钟	

拉伸练习

内容	强度	时间	备注
静力性伸展	目标肌肉充分拉伸	每组15~30秒	3~5组

（3）周五运动计划。

热身训练

内容	强度（%HRR）	时间	备注
台阶器	80	10分钟	

抗阻训练（手臂、肩部肌肉）

内容	强度（RM）	组数	备注
杠铃站姿臂弯举	10	3	
哑铃站姿臂屈伸	10	3	
杠铃站姿前平举	10	3	
哑铃站姿侧平举	10	3	
哑铃俯身反飞鸟	10	3	

有氧练习

内容	强度（%HRR）	时间	备注
划船器	80	20分钟	

拉伸练习

内容	强度	时间	备注
静力性伸展PNF	目标肌肉充分拉伸	每组15～30秒	3～5组

第二节　伸展训练健身计划技能

一、静力性伸展计划内容

训练计划内容	训练目的	运动频率	运动强度	持续时间	完成组数	间隔时间	运动形式	训练原则
伸展训练	提高柔韧性	最好每天一次，至少隔天一次。	有牵拉感或略感不适	依据训练水平10～30秒	重复3～5组	间隔短暂	静力性伸展	超负荷特殊性渐进性

二、PNF伸展计划内容

训练计划内容	训练目的	运动频率	运动强度	持续时间	完成组数	间隔时间	运动形式	训练原则
PNF伸展	提高柔韧性	最好每天一次，至少隔天一次。	先进行目标肌肉等长收缩，被动伸展目标肌肉有牵拉感或略感不适	静力性等长收缩6秒，原位放松1/2秒，被动伸展15～30秒	重复3～5组	当肌肉牵拉感缓解后，即可进行下一次。	本体感觉神经肌肉促进法	超负荷特殊性渐进性

第三节　有氧训练健身计划技能

一、有氧训练强度测定

靶心率测定：在运动中所应达到和保持的心率为靶心率，靶心率测定运动强度可分为心率储备测定和最大心率百分比测定。

1.心率储备测定法。

心率储备（heart rate reserve，简称HRR）是指：最大心率与静态心率的差额。

靶心率=［（220–年龄）–静态心率］×（60%～80%）+静态心率

如：一个40岁男子，安静时的心率为80次/分钟，用心率储备方式测定的靶心率范围为

靶心率（最低）=［（220–年龄）–静态心率］×60%+静态心率

=［（220–40）–80］×60%+80

=140

靶心率（最高）=［（220–年龄）–静态心率］×60%+静态心率

=［（220–40）–80］×80%+80

=160

所以该男子有氧运动靶心率范围为：140～160次/分钟之间。

2. 最大心率百分比测定法。

最大心率百分比测定法是指采用个体最大心率的百分比间接测定有氧运动靶心率的方法。此方法简单、方便、可靠。原理为：最大心率百分比（%HRmax）和最大摄氧量百分比（%VO$_2$max）呈线性关系，有氧运动事宜强度一般为70%～80%HRmax，相当于55%～75%VO$_2$max。本方法测定数值比心率储备测定数值较为保守。

靶心率=（220–年龄）×（70%～80%）

如：一个40岁男子，安静时的心率为80次/分钟，用最大心率百分比测定的靶心率范围为

靶心率（最低）=（220–40）×70%

=126

靶心率（最高）=（220–40）×80%

=144

所以该男子有氧运动靶心率范围为：126～144次/分钟之间。

二、有氧训练计划内容

训练计划内容	训练目的	运动频率	运动强度	运动时间	运动形式	训练方法	训练原则
有氧训练计划	提高心肺耐力减脂、维持体重	依据训练水平3～7次/周	靶心率测定运动强度阈值测定主观疲劳感觉量表测定	低强度30分钟以上高强度20分钟以上	训练器械有氧操课（训练者喜欢）	持续训练法间歇训练法交叉训练法循环训练法	超负荷特殊性渐进性

三、有氧训练计划案例

（一）练习者基本情况介绍

宋女士，某健身俱乐部练习者，通过健身前健康状况的调查评估和健康体适能的测试评估可知：年龄30岁，身高165 cm，体重65 kg，体重超重；体脂百分比35%，体脂超标。心肺耐力、柔韧性和肌肉力量与耐力均较差。通过医院体检，没有运动风险。平时工作比较忙回家后很少运动，偶尔散步，没有其他任何运动，每周可以到俱乐部锻炼3次，每次1.5～2个小时。

（二）练习者健身目标

宋女士的健身目标想让自己体重降到55 kg，体脂百分比18%～22%，提高心肺耐力、肌肉的力量与耐力及良好的柔韧性。

（三）健身目标分析

按每周减少1 kg计算，10周可减掉10 kg，为完成健身目标，同时保证肌肉含量不丢失，制定10周的健身计划。

（四）10周运动计划设计

1. 第1～3周运动计划设计（周二、周四、周六19:00—20:30）。

（1）周二运动计划。

热身训练

内容	强度（%HRR）	时间	备注
动态伸展	40	10分钟	

抗阻训练（胸腹及背部肌肉）

内容	强度（RM）	组数	备注
器械俯卧挺身	15	2	
器械坐姿卷腹	15	2	
器械跪姿转体	15	2	
器械高位下拉	15	2	
器械坐姿划船	15	2	
器械胸部推举	20	2	

有氧练习

内容	强度（%HRR）	时间	备注
跑步机	50	35分钟	

拉伸练习

内容	强度	时间	备注
静力性伸展	目标肌肉充分拉伸	每组15～30秒	3～5组

（2）周四运动计划。

热身训练

内容	强度（%HRR）	时间	备注
动态伸展	40	10分钟	

抗阻训练（腿部肌肉）

内容	强度（RM）	组数	备注
器械腿下蹲	15	2	
器械腿弯举	15	2	
器械腿屈伸	15	2	
器械提踵	15	2	
器械腿内收	15	2	
器械腿外展	25	2	

有氧练习

内容	强度（%HRR）	时间	备注
有氧自行车	55	35分钟	

拉伸练习

内容	强度（%HRR）	时间	备注
静力性伸展	目标肌肉充分拉伸	每组15～30秒	3～5组

（3）周六运动计划。

热身训练

内容	强度（%HRR）	时间	备注
动态伸展	40	10分钟	

抗阻训练（肩部、手臂肌肉）

内容	强度（RM）	组数	备注
器械坐姿肩上推举	15	2	
器械坐姿飞鸟	15	2	
器械坐姿胸前推举	15	2	
器械坐姿臂弯举	15	2	
器械坐姿臂屈伸	15	2	

有氧练习

内容	强度（%HRR）	时间	备注
椭圆机	60	35分钟	

拉伸练习

内容	强度	时间	备注
静力性伸展PNF	目标肌肉充分拉伸	每组15～30秒	3～5组

2. 第4～6周运动计划设计（周二、周四、周六19:00—20:30）。

（1）周二运动计划。

热身训练

内容	强度（%HRR）	时间	备注
动态伸展	45	10分钟	

抗阻训练（胸腹及背部肌肉）

内容	强度（RM）	组数	备注
史密斯胸部推举	15	3	
弹力带跪姿卷腹	15	3	
拉力器站姿转体	15	3	
器械高位下拉	15	3	
史密斯俯身划船	15	3	
史密斯屈膝硬拉	25	3	

有氧练习

内容	强度（%HRR）	时间	备注
跑步机	60	40分钟	

拉伸练习

内容	强度（%HRR）	时间	备注
静力性伸展	目标肌肉充分拉伸	每组15~30秒	3~5组

（2）周四运动计划。

热身训练

内容	强度（%HRR）	时间	备注
跑步机	40	10分钟	

抗阻训练（腿部肌肉）

内容	强度（RM）	组数	备注
杠铃深蹲	15	3	
弹力带后摆腿	15	3	
器械腿屈伸	15	3	
哑铃提踵	15	3	
拉力器腿内收	15	3	
拉力器腿外展	25	3	

有氧练习

内容	强度（%HRR）	时间	备注
有氧自行车	65	40分钟	

拉伸练习

内容	强度	时间	备注
静力性伸展	目标肌肉充分拉伸	每组15~30秒	3~5组

（3）周六运动计划。

热身训练

内容	强度（%HRR）	时间	备注
动态伸展	40	10分钟	

抗阻训练（肩部肌肉）

内容	强度（RM）	组数	备注
拉力器站姿臂弯举	15	3	
弹力带站姿反飞鸟	15	3	
弹力带侧平举	15	3	
弹力带前平举	15	3	
拉力器站姿臂屈伸	15	3	

有氧练习

内容	强度（%HRR）	时间	备注
划船器	65	40分钟	

拉伸练习

内容	强度	时间	备注
静力性伸展PNF	目标肌肉充分拉伸	每组15～30秒	3～5组

3. 第7～10周运动计划设计（周二、周四、周六19:00—20:30）。

（1）周二运动计划。

热身训练

内容	强度（%HRR）	时间	备注
动态伸展	50	10分钟	

抗阻训练（胸腹及背部肌肉）

内容	强度（RM）	组数	备注
杠铃平板推胸	15	3	
拉力器跪姿卷腹	15	3	
拉力器站姿转体	15	3	
哑铃俯身单臂划船	15	3	
杠铃俯身划船	15	3	
杠铃屈膝硬拉	25	3	

有氧练习

内容	强度（%HRR）	时间	备注
跑步机	65	45～50分钟	

拉伸练习

内容	强度	时间	备注
静力性伸展	目标肌肉充分拉伸	每组15～30秒	3～5组

（2）周四运动计划。

热身训练

内容	强度（%HRR）	时间	备注
动态伸展	50	10分钟	

抗阻训练（腿部肌肉）

内容	强度（RM）	组数	备注
哑铃深蹲	15	3	
拉力器后摆腿	15	3	
哑铃箭步蹲	15	3	
哑铃坐姿提踵	15	3	
弹力带站姿腿内收	15	3	
弹力带站姿腿外展	25	3	

有氧练习

内容	强度（%HRR）	时间	备注
有氧自行车	70	45～50分钟	

拉伸练习

内容	强度	时间	备注
静力性伸展	目标肌肉充分拉伸	每组15～30秒	3～5组

（3）周六运动计划。

热身训练

内容	强度（%HRR）	时间	备注
动态伸展	50	10分钟	

抗阻训练（肩部肌肉）

内容	强度（RM）	组数	备注
杠铃站姿臂弯举	15	3	
哑铃站姿反飞鸟	15	3	
哑铃站姿侧平举	15	3	
杠铃站姿前平举	15	3	
杠铃站姿臂屈伸	15	3	

有氧练习

内容	强度（%HRR）	时间	备注
椭圆机	70	45～50分钟	

拉伸练习

内容	强度	时间	备注
静力性伸展PNF	目标肌肉充分拉伸	每组15～30秒	3～5组

参考文献

［1］国家体育总局职业技能鉴定指导中心.健身教练［M］.2版.北京：高等教育出版社，2019.

［2］李相如.健身教练［M］.北京：高等教育出版社，2019.

［3］相建华.私人健身教练［M］.北京：高等教育出版社，2012.

［4］国家体育总局职业技能鉴定指导中心.公共理论·中高级［M］.北京：人民体育出版社，2017.

［5］李世昌.运动解剖学［M］.3版.北京：高等教育出版社，2015.

［6］王瑞元，苏全生.运动生理学［M］.北京：人民体育出版社，2012.

［7］国家体育总局职业技能鉴定指导中心.公共理论·初级［M］.北京：人民体育出版社，2018.

［8］朱元利，郑文海.健身理论与指导［M］.北京：高等教育出版社，2016.

附录

健身教练职业能力实践考核

一、健身教练职业能力体能考核

（一）初级体能考核★

1. 男子体。

序号	测试项目	合格标准
1	坐姿体前屈	静力性伸展5秒
2	俯卧撑	40次
3	徒手下蹲	60次

2. 女子体。

序号	测试项目	合格标准
1	坐姿体前屈	静力性伸展5秒
2	俯卧撑	15次
3	徒手下蹲	40次

3. 动作规则要求及合格标。

（1）坐姿体前屈（柔韧性测试）。

A. 规则要求：坐于垫上，双腿并拢，踝关节屈90°，屈体向前用两手触碰脚尖，要求腰背挺直（弓背为犯规）。

B. 合格标准：

男子两手中指触碰到脚尖，静力性伸展5秒。

女子两手掌根触碰到脚尖，静力性伸展5秒。

（2）俯卧撑（上肢肌肉耐力测试）。

A. 规则要求：双脚着地，身体保持一条直线，屈肘向下运动时，肩关节外展不得超过90°，肘关节应与肩关节同高（如肩关节明显高于肘关节为犯规，不计数）；撑起向运动时，肘关节伸直但不过伸（如肘关节没有伸直为犯规，不计数；动作保持连续性，如停顿超过3秒为犯规，不计数。）

B. 合格标准：

男子初级为40次。

女子初级为15次。

（3）徒手下蹲（下肢肌肉力量测试）。

A. 规则要求：双脚左右分开，距离稍宽于肩，脚尖稍外展。屈膝向下运动时，大腿应于地面平行（如大腿未到达与地面平行或膝关节过分超过脚尖为犯规，不计数）；向上站起来时，膝关节伸直但不过伸（如膝关节过于屈膝为犯规，不计数；动作保持连续性，如停顿超过3秒为犯规，不计数）

B. 合格标准：

男子初级为60次。

女子初级为40次。

（二）中级体能考核★★

1. 男子体。

序号	测试项目	合格标准
1	坐姿体前屈	静力性伸展5秒
2	引体向上	10次
3	俯卧撑	40次
4	徒手下蹲	60次

2. 女子体。

序号	测试项目	合格标准
1	坐姿体前屈	静力性伸展5秒
2	俯卧撑	15次
3	徒手下蹲	50次

3. 动作规则要求及合格标。

（1）坐姿体前屈（柔韧性测试）。

A. 规则要求：坐于垫上，双腿并拢，踝关节屈90°，屈体向前用两手触碰脚尖，要求腰背挺直（弓背为犯规）。

B. 合格标准

男子两手中指触碰到脚尖，静力性伸展5秒。

女子两手掌根触碰到脚尖，静力性伸展5秒。

（2）俯卧撑（上肢肌肉耐力测试）。

A. 规则要求：双脚着地，身体保持一条直线，屈肘向下运动时，肩关节外展不得超过90°，肘关节应与肩关节同高（如肩关节明显高于肘关节为犯规，不计数）；撑起向运动时，肘关节伸直但不过伸（如肘关节没有伸直为犯规，不计数；动作保持连续性，如停顿超过3秒为犯规，不计数。）

B. 合格标准：

男子中级为40次。

女子中级为15次。

（3）徒手下蹲（下肢肌肉力量测试）。

A. 规则要求：双脚左右分开，距离稍宽于肩，脚尖稍外展。屈膝向下运动时，大腿应于地面平行（如大腿未到达与地面平行或膝关节过分超过脚尖为犯规，不计数）；向上站起来时，膝关节伸直但不过伸（如膝关节过于屈膝为犯规，不计数；动作保持连续性，如停顿超过3秒为犯规，不计数）

B. 合格标准：

男子中级为60次。

女子中级为50次。

（4）引体向上（上肢肌肉力量和耐力测试）。

A. 规则要求：向上引体时，下颌应超过横杠（如下颌未超过横杆为犯规，不计数）；下降至肘关节伸直但不过伸（动作保持连续性，肘关节伸直悬垂状态如停 顿超过3秒为犯规，不计数）。向上引体和下降过程中，身体不得借力摆动（如借力摆动引体为犯规，不计数）。

B. 合格标准：中级10次。

二、健身教练职业能力技能考核

（一）技能考核内容结构表

级别	考核内容
初级	1. 职业形象（6分）：从着装、形体、气质三个方评分； 2. 抗阻训练（46分）：器械练习、史密斯机练习、杠铃练习、哑铃练习、自身重量训练等动作库中抽签完成1个抗阻训练的动作示范及讲解（22分），2个抗阻训练的动作示范（各9分），其中，器械练习、史密斯机练习中抽取1个动作，杠铃练习、哑铃练习中抽取1个动作，自身重量训练中抽取1个动作；在需要保护的几个抗阻训练中抽签完成1个抗阻训练的保护（6分）；后附题签。 3. 静力性伸展练习32分：抽签完成1个主动伸展动作示范及讲解（15分）、1个被动伸展动作示范及讲解（17分） 4. 有氧运动：16分
中级	1. 职业形象（6分） 2. 抗阻训练 A组抗阻训练（23分）：抽签完成1个钢线拉力器或弹力带练习的抗阻训练的动作示范及讲解； B组抗阻训练（21分）：抽签完成1个深层肌肉的抗阻训练动作示范及讲解； C组抗阻训练（22分）：抽签完成1个不稳定状态下的抗阻训练动作示范及讲解。 3. PNF伸展练习（13分）：抽签完成1个动作示范及讲解 4. 泡沫轴练习（15分）：抽签完成1个动作示范及讲解

（二）技能考核评分表

1. 初级技能考核评分。

考核内容			配分	得分	备注
6%	职业形象		6		着装2分，形体2分，气质2分
抗阻训练（46%）	动作示范与讲解	身体位置	3		未答或答错一项，扣1分
		姿态与稳定	3		未答或答错一项，扣1分
		动作方向与幅度	4		未答或答错一项全扣
		安全提示	4		未答或答错一项全扣

考核内容			配分	得分	备注
抗阻训练 （46%）	动作示范 与讲解	速度	1		未答或答错全扣
		呼吸	1		未答或答错全扣
		讲解熟练性	3		按熟练程度扣分
		动作熟练性	3		按熟练程度扣分
	动作示范	身体位置	2		出现一项错误，扣1分
		姿态与稳定	2		出现一项错误，扣1分
		动作方向与幅度	2		出现一项错误，全扣
		动作熟练性	3		按熟练程度扣分
	动作示范	身体位置	2		出现一项错误，扣1分
		姿态与稳定	2		出现一项错误，扣1分
		动作方向与幅度	2		出现一项错误，全扣
		动作熟练性	3		按熟练程度扣分
	保护	保护	6		出现一项错误，全扣
静力性伸 展练习 （32%）	主动伸展	动作要点	5		未答或答错一项，扣1分，包括 位置与姿态、安全提示、发力 方向
		强度	2		未答或答错全扣
		时间	2		未答或答错全扣
		呼吸	2		未答或答错全扣
		讲解熟练性	2		按熟练程度扣分
		动作熟练性	2		按熟练程度扣分
	被动伸展	动作要点	5		未答或答错一项，扣1分
		强度	2		未答或答错全扣
		时间	2		未答或答错全扣
		呼吸	2		未答或答错全扣
		讲解熟练性	3		按熟练程度扣分
		动作熟练性	3		按熟练程度扣分

续表

考核内容			配分	得分	备注
有氧运动（16%）	技术	中轴姿态	2		未答或答错一项，扣1分
		下肢技术	2		未答或答错一项，扣1分
		上肢技术	2		未答或答错一项，扣1分
		安全事项	4		未答或答错全扣
		讲解熟练性	3		按熟练程度扣分
		动作熟练性	3		按器械实际操作熟练程度扣分

备注：单项扣分不超过本项分值；抗阻动作错误、危险动作，该项0分。伸展动作错误、危险动作，该项0分，非静力性伸展属于动作错误。抗阻动作一般做3～5次。

2.中级技能考核评分。

考核内容			配分	得分	备注
6%		职业形象	6		着装1分，形体3分，气质2分
A组抗阻训练（23%）	动作示范与讲解	身体位置	4		未答或答错一项，扣1分
		姿态与稳定	4		未答或答错一项，扣1分
		动作方向与幅度	4		未答或答错一项全扣
		安全提示	5		未答或答错一项全扣
		速度	1		未答或答错全扣
		呼吸	1		未答或答错全扣
		讲解熟练性	2		按熟练程度扣分
		动作熟练性	2		按熟练程度扣分
B组抗阻训练（21%）	动作示范与讲解	身体位置	4		未答或答错一项，扣1分
		姿态与稳定	4		未答或答错一项，扣1分
		动作方向与幅度	4		未答或答错一项全扣
		安全提示	5		未答或答错一项全扣
		讲解熟练性	2		按熟练程度扣分
		动作熟练性	2		按熟练程度扣分
C组抗阻训练（22%）	动作示范与讲解	身体位置	4		未答或答错一项，扣1分
		姿态与稳定	4		未答或答错一项，扣1分

续表

考核内容			配分	得分	备注
C组抗阻训练（22%）	动作示范与讲解	动作方向与幅度	4		未答或答错一项全扣
		安全提示	4		未答或答错一项全扣
		讲解熟练性	3		按熟练程度扣分
		动作熟练性	3		按熟练程度扣分
PNF伸展练习（13%）	动作示范与讲解	动作要点	3		未答或答错一项，扣1分，包括位置与姿态、安全提示、发力方向
		说明肌肉静力性收缩对抗持续时间	1		未答或答错全扣
		放松时间	1		未答或答错全扣
		被动静力伸展时间	1		未答或答错全扣
		强调练习时的呼吸	1		未答或答错全扣
		询问客户的感觉	1		没有询问全扣
		自身身体位置和姿态	1		出现错误全扣
		讲解熟练性	2		按熟练程度扣分
		动作熟练性	2		按熟练程度扣分
泡沫轴练习（15%）	动作示范与讲解	身体位置与姿态	3		未答或答错一项，扣1分
		注意事项	6		未答或答错一项，扣1分
		讲解熟练性	3		按熟练程度扣分
		动作熟练性	3		按熟练程度扣分

备注：单项扣分不超过本项分值；抗阻动作错误、危险动作，该组0分。伸展动作错误、危险动作，0分。泡沫轴练习动作错误、危险动作，0分。

（三）技能考核内容题签

1. 初级技能考核题。★

抗阻训练	器械练习	1	器械坐姿腿推举
		2	器械腿屈伸
		3	器械俯卧腿弯举

续表

		4	器械腿内收
抗阻训练	器械练习	5	器械腿外展
		6	器械坐姿胸前平推
		7	器械坐姿飞鸟
		8	器械坐姿划船
		9	器械坐姿直臂划船
		10	器械高位下拉
		11	器械坐姿推举
		12	器械坐姿反飞鸟
		13	器械坐姿卷腹
		14	器械转体
	史密斯机练习	15	史密斯机下蹲
		16	史密斯机直立提踵
		17	史密斯机平板卧推
		18	史密斯机坐姿推举
	杠铃练习	19	杠铃下蹲
		20	杠铃直膝硬拉
		21	杠铃屈腿硬拉
		22	杠铃平板卧推
		23	杠铃俯身划船
		24	杠铃直立推举
		25	杠铃直立划船
		26	杠铃耸肩
		27	曲杆杠铃仰卧臂屈伸
		28	杠铃站姿弯举
	哑铃练习	29	哑铃下蹲
		30	哑铃后剪蹲
		31	哑铃提踵

		32	哑铃上斜仰卧飞鸟
		33	单臂哑铃俯身划船
		34	哑铃坐姿推举
	哑铃练习	35	哑铃站姿侧平举
		36	哑铃俯身飞鸟
		37	哑铃站姿弯举
		38	哑铃站姿锤式弯举
		39	单臂哑铃坐姿颈后臂屈伸
		40	哑铃俯身臂屈伸（单臂）
		41	下蹲
		42	前剪蹲
		43	后剪蹲
		44	俯卧撑
抗阻训练		45	半俯卧撑
	自身重量训练	46	引体向上
		47	仰卧卷腹
		48	仰卧卷腹转体
		49	俯卧挺身
		50	仰卧举腿
		51	悬垂举腿
		1	哑铃肩上推举
		2	杠铃平板卧推
	保护	3	杠铃下蹲（可控）
		4	杠铃下蹲（不可控）
		5	哑铃颈后臂屈伸
		1	胸大肌
伸展	主动伸展	2	背阔肌
		3	斜方肌上部

		4	斜方肌中下部
伸展	主动伸展	5	三角肌前部
		6	三角肌后部
		7	腹直肌
		8	肱二头肌
		9	肱三头肌
		10	股二头肌
		11	股四头肌
		12	臀大肌
		13	腓肠肌
		14	竖脊肌
		15	髂腰肌
	被动伸展	1	胸大肌
		2	三角肌前部
		3	三角肌后部
		4	肱二头肌
		5	肱三头肌
		6	股二头肌
		7	股四头肌
		8	臀大肌
		9	腓肠肌
		10	髂腰肌
有氧运动		1	跑步机
		2	椭圆机
		3	台阶器
		4	固定自行车
		5	

2. 中级技能考核题。★★

A组		
钢线拉力器练习	1	钢线站姿胸部推举（高位）
	2	钢线站姿胸部推举（水平位）
	3	钢线站姿夹胸（高位）
	4	钢线站姿夹胸（水平位）
	5	钢线站姿夹胸（低位）
	6	钢线单臂俯身划船
	7	高位钢线拉力器直臂下压
	8	单臂钢线低位拉力器侧平举
	9	钢线俯身飞鸟
	10	钢线拉力器站姿弯举
	11	高位钢线拉力器站姿胸前下推
	12	钢线拉力器卷腹
	13	钢线拉力器站姿转体
弹力带练习	14	弹力带下蹲
	15	弹力带腿弯举
	16	弹力带直膝硬拉
	17	弹力带后摆腿
	18	单腿弹力带站姿腿内收
	19	弹力带胸部推举
	20	弹力带坐姿划船
	21	弹力带俯身划船
	22	弹力带耸肩
	23	弹力带直立推举
	24	弹力带前平举
	25	弹力带侧平举
	26	弹力带俯身飞鸟
	27	弹力带站姿反飞鸟

	28	弹力带弯举
弹力带练习	29	弹力带单臂屈伸
	30	弹力带转体
	31	弹力带仰卧卷腹
	32	平板支撑
	33	单腿弹力带站姿腿外展
	34	钢线侧摆腿
	35	哑铃侧卧肩外旋
	36	钢线肩内旋
B组	37	钢线肩外旋
	38	弹力带肩内旋
	39	弹力带肩外旋
	40	钢线直立直臂划船
	41	弹力带俯身直臂划船
	42	弹力带坐姿直臂划船
	43	双脚健身球俯卧撑
	44	两手悬吊后仰划船
	45	两手悬吊后仰臂弯举
	46	两手半球夹肘俯卧撑
	47	双腿悬吊平板支撑
	48	双腿悬吊侧支撑
C组	49	半球俯卧挺身
	50	单臂弹力带健身球坐姿颈后臂屈伸
	51	半球仰卧卷腹转体
	52	双肘悬吊平板支撑
	53	单腿悬吊下蹲
PNF技术	1	胸大肌
	2	股后肌群

泡沫轴练习	1	斜方肌
	2	背阔肌
	3	臀大肌、臀中肌、臀小肌、梨状肌
	4	股四头肌
	5	股后肌群
	6	髋内收肌群（股薄肌、长收肌、大收肌等）
	7	阔筋膜张肌
	8	髂胫束
	9	腓肠肌、比目鱼肌
	10	胫骨前肌

三、健身教练职业能力考核要求

（一）初级技能考核零分项

	动作错误	含选错动作、选错器械、摔扔器械
抗阻训练	危险动作	杠铃颈后推举
		史密斯机颈后推举
		颈后下拉
		提起、放下带有阻力的器械时出现弯腰弓背
		杠铃加配重片后未夹安全夹或两边配重不平衡
		两手持不同重量的哑铃
		动作完全失控
		膝关节直接跪地
主动伸展	动作错误	含选错动作、含非静力性伸展
	危险动作	腹直肌主动伸展时，肚脐以下离开训练垫
		膝关节直接跪地
被动伸展	动作错误	含选错动作、含非静力性伸展
	危险动作	股后肌群仰卧伸展时，两手放在被伸展者的膝关节（髌骨）上向后拉
		膝关节直接跪地

（二）中级技能考核零分项

抗阻训练	动作错误	含选错动作、选错器械、摔扔器械
		含手扶拉力器滑轨、弹力带绑在拉力器滑轨或钢线上
	危险动作	提起、放下带有阻力的器械时出现弯腰弓背
		杠铃加配重片后未夹安全夹或两边配重不平衡
		动作完全失控
		膝关节直接跪地
PNF伸展	动作错误	含循环表述错误（至少两个循环）
		含选错动作、含非静力性伸展
	危险动作	膝关节直接跪地
泡沫轴练习	动作错误	滚压位置错误
	危险动作	膝关节直接跪地

（三）技能考核通用性要求

1. 技能考核统一不提示。

2. 考生明显没有安全意识，出现从较高器械上直接跳下或其他极端行为，该项评分为0分。

3. 考生在考试过程中有接打手机、发送短信、翻阅资料及擅自离开考场等情况，应判定为0分。

4. 考生身上有浓重酒气、烟味，应判定为0分。

5. 考生裸露出大面的文身图案，应扣除20分。

6. 考生在考试时出现语言不文明的情况，应判定为0分。

7. 考评员应严格按照列出的具体项目进行0分项的评定，评定为0分时，考评员需在评分表上标注说明0分原因；未列出的问题不得随意评定为0分项，经三位考评员合议后认为确有必要的，要形成文字材料，三位考评员签字后报总局职鉴指导中心。

8. 保护中，卧推和下蹲没有跟随起伏，保护0分。

9. 手扶镜子或玻璃情况的处理，安全、身体位置、熟练性都为0分。

10. 被动拉伸幅度过大，强度、熟练性都为0分，动作要点扣相应分数。